city of green

\ BERLIN

Frenz Verlag

Bei aller Sorgfalt, die wir in die Recherche gesteckt haben, kann es nach Druck zu Änderungen oder Abweichungen kommen. Öffnungszeiten von Parks können sich saisonbedingt ändern, auch die Erreichbarkeit durch öffentliche Verkehrsmittel unterliegt Fahrplänen, die sich mal ändern können. Führungen können ausgebucht sein. Um Enttäuschungen zu vermeiden, empfehlen wir, sich möglichst im Voraus auf den Websites zu informieren.

Berlin, zeig uns deine Parks

Parks sind Oasen im Alltag, schon mit der Sekunde des Betretens eines Parks verändert sich die innere Verfassung. Der Gedanke, den wir im Park fassen, ist ein anderer als der von soeben.

In oft prachtvollen und historischen Inszenierungen verleihen Parks dem Gepräge ihrer Zeit Ausdruck. Damit ermöglichen sie Zeitreisen – aber auch Reisen nach innen, wenn wir Ruhe und Kontemplation suchen.

Parks sind nicht immer prächtig, sie können auch arm sein, wie zufällig eingequetscht in Zwischenräume der Stadt. Sie können bürgerlich sein und proletarisch. Sie können Orte der Geborgenheit sein, aber auch der Angst. Sie sind Zeugen und Ergebnis der bürgerlichen Revolution, als die Gärten der Aristokratie für das Volk geöffnet wurden. Sie sind notwendige Lebensräume für Kinder, für Familien und für Sport. Sie sind wichtig für das Klima in der Stadt, im zweifachen Sinn des Wortes.

Berlin ist eine Stadt, die Parks aller Facetten zeigt, in all ihren Funktionen und Bedeutungen. Jeder Park in Berlin – ganz gleich, ob West, Ost, Nord oder Süd – hat seine eigene Herkunft, sein eigenes Wesen, sein eigenes Momentum, das sich nicht immer auf den ersten Blick erschließt.

Um diesen Band zu erstellen, der die Parks in ihrer Vielfalt abbilden will, aber auch die verschiedenen Weisen, wie Menschen darauf reagieren, war mehr als nur ein:e Autor:in nötig. Ich habe mich daher für die zweite Ausgabe von City of Green für die Form der Anthologie entschieden und sehr verschieden Schreibende gebeten, ihre Lieblingsparks zu erschließen.

Was ich mir wünsche: Dass die so entstanden Momentaufnahmen Leser:innen Lust machen, ihre eigenen Momente hinzuzufügen.

Eli Frenz

CHARLOTTENBURG
18
CHARLOTTENBURG-
WILMERSDORF
GRUNEWALD
17
KLADOW
Havel
16
29
30
27
ZEHLENDORF
STEGLITZ-ZEHLENDORF
WANNSEE
28
POTSDAM

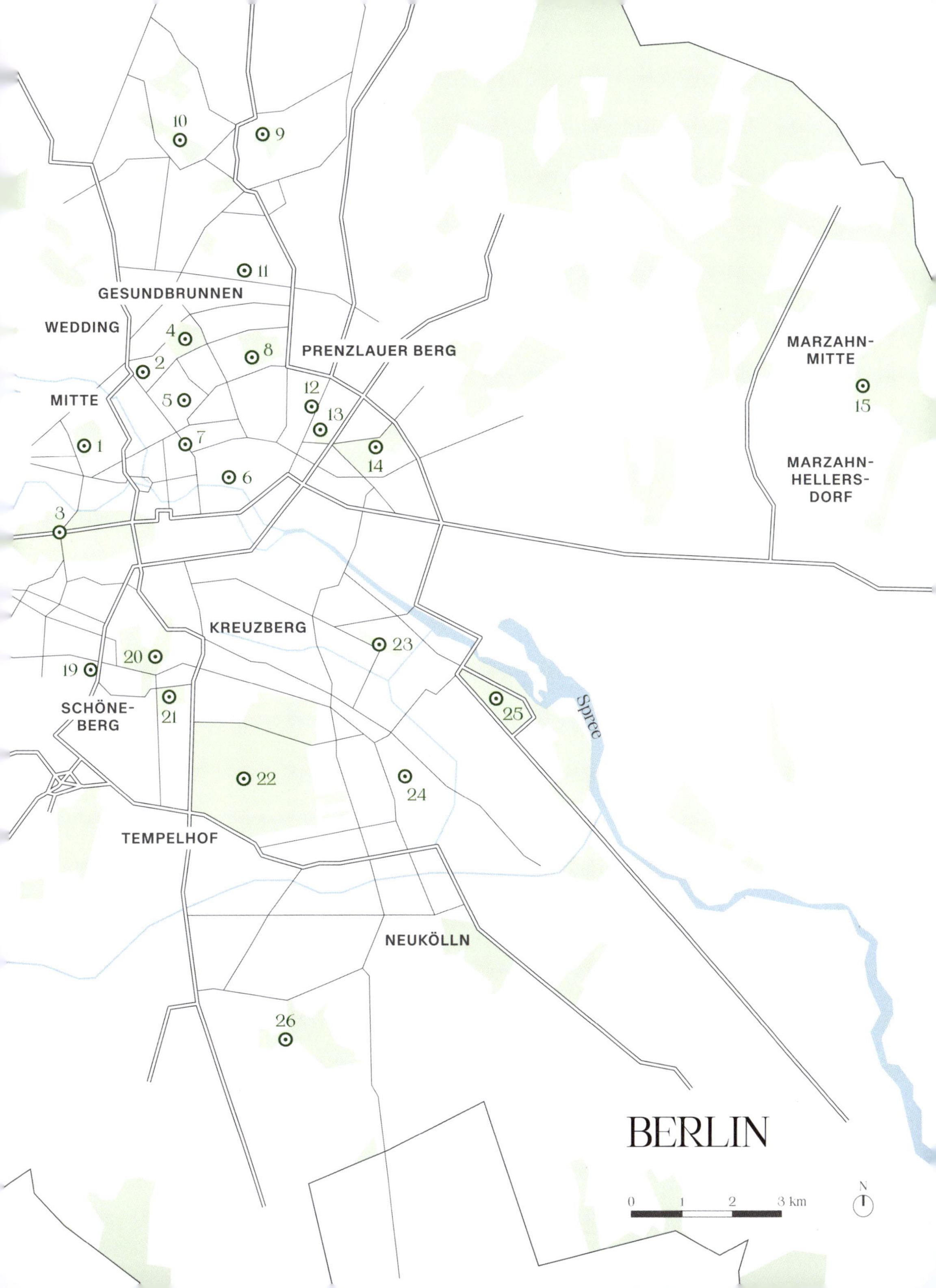

10
9
11
GESUNDBRUNNEN
WEDDING
4
8
PRENZLAUER BERG
2
MARZAHN-MITTE
12
MITTE
5
13
15
7
1
14
MARZAHN-HELLERSDORF
6
3
KREUZBERG
23
20
19
21
25
SCHÖNE-BERG
Spree
22
24
TEMPELHOF
NEUKÖLLN
26
BERLIN
0
1
2
3 km
N

NORDEN

SÜDEN

NORDEN

01 Fritz-Schloß-Park

Gebrauchsanweisung für einen Park

von
ANNA-LENA WENZEL

Für: Jung und Alt \ Familien und Hunde \ Leistungssportler:innen und Freizeitaktivist:innen \ indoor und outdoor, Sommer und Winter \ Kletterfans & Minigolfer:innen

Vom Haupteingang

Der Haupteingang des etwa zehn Hektar großen Parks befindet sich an der westlich gelegenen Rathenower Straße, hier gibt es so etwas wie einen Eingangsbereich, in dem verschiedene Schilder auf die diversen Sportstätten hinweisen und eine Übersichtskarte Orientierung verschafft. Zur rechten Hand ist eine Minigolfanlage inklusive kleinem Kiosk. Geht man ein Stück weiter in den Park hinein, steht dort ein quadratischer Gedenkstein mit der Inschrift: „Den Notstandsarbeitern zum Dank". Mit Notstandsarbeitern sind die Trümmerfrauen und -männer gemeint, die nach Kriegsende die Stadt wieder aufbauten. Sie errichteten aus den Trümmern der Kasernengebäude, die sich hier ursprünglich befanden, die beiden Hügel, die dem Park seine heutige Form geben. Wo früher also ein Exerzierplatz inklusive Kasernen und Kasernenhof für Drill und Ordnung sorgte, geht man heute seinen Freizeitbeschäftigungen nach, stählt freiwillig seine Fitness und frönt der Entspannung. Dafür sorgen zahlreiche Sportstätten, darunter:

- Spiel-, Fußball- und Tennisplätze
- ein Hallenbad
- das Wellness-Bad *Vabali*
- eine Rodelbahn
- ein Fitnessparcours
- ein Hundegarten

Von Osten

Von Osten gelangt man von der Lehrter Straße in den Park. Hier war früher der offizielle Eingang zum *Poststadion*, wovon noch die Kassenhäuschen zeugen, die gerade frisch restauriert wurden. 1929 wurde hier eine mehrteilige Sportanlage eingeweiht, die auch als „Volkssportstätte" bezeichnet wurde und seit 1990 unter Denkmalschutz steht. Dazu zählen:

- das *Poststadion*, das älteste Stadion Berlins, das von Leichtathlet:innen, Fußballer:innen, Footballer:innen und anderen genutzt wird
- eine Rollsportanlage, auf der Nachwuchseisläufer:innen trainieren
- eine neue Kletterwand und -halle, die vom *Deutschen Alpenverein* betrieben wird
- eine Skateranlage
- eine Sport- und Ruderhalle, die früher eine Schwimmhalle war
- Street-Work-out-Gerätschaften
- ein Motorikparcours und diverse Fußballfelder

Passenderweise befindet sich im Eingangsbereich eine Informationsstelle der Fußballroute Berlin. Hier sind historische Fotos des *Poststadions* abgebildet, die mit erläuternden Texten ergänzt sind und auf denen besondere Sportereignisse festgehalten werden; (...)

unter anderem erfährt man, dass hier 1935 Weltmeister Max Schmeling gegen Paulino Uzcudun boxte und 1938 die 15-tägige Deutschlandtour der Radsportler endete.[1]

Von Süden

Entlang des südlichen Teils des Parks verläuft die Seydlitzstraße, von hier kommt man

- zum Sportbad Tiergarten,
- zum *Moabiter Kinder-Hof*, der sich selbst als offenen Spiel-, Lern- und Erlebnisort bezeichnet, und
- zu einem Fußball- und einem Basketballplatz.

Von Norden

Der nördliche Zugang zum Park befindet sich in der Kruppstraße und ist gar kein richtiger Eingang, sondern führt zu der weitläufigen Tennisanlage des Tennis-Club *Tiergarten e. V.* (schwarz-weiß), den es schon seit 1949 gibt. Auf seinem Gelände befinden sich

- sieben Sandplätze,
- zwei Hallenplätze,
- ein Clubhaus und
- ein spektakulärer Amphitheater-ähnlicher Center-Court, der tief in die Erde eingelassen und von Zuschauerrängen aus Stein umgeben ist.

In der Mitte zwei Hügel

Folgt man einem der vielen Eingänge, führen mehrere verschlungene Wege auf die beiden Hügel, die sich in der Mitte des Parks befinden. Einen ziert ein Gedenkstein des Namensgebers Dr. Fritz Schloß (1895–1954). Dieser war SPD-Politiker und von 1946 bis 1952 Bürgermeister des Bezirks Tiergarten, zu dem der Park damals noch gehörte (heute befindet er sich im Ortsteil Moabit). Der Park selbst wurde von Wilhelm Alverdes angelegt, der seit 1954 Leiter des Gartenbauamts Tiergarten war. Es überrascht nicht, dass Alverdes auch für die Wiederaufforstung des im Krieg zerbombten und danach nahezu abgeholzten Großen Tiergartens zuständig war, denn das „Konzept eines ruhigen, weiträumigen landschaftlichen Erholungparks“[2] sowie dessen Strukturierung durch weite Wiesenflächen und waldartige Gehölze ähnelt sehr dem Fritz-Schloß-Park. \

English version on p. 220

FRITZ-SCHLOẞ-PARK
Rathenower Straße/Ecke
Turmstraße, 10559 Berlin

⊙ 52.5267147, 13.3554995

SPEED
RACE TEAM

02 Pankeweg

Pankeweg?
Welcher?

von
NORBERT BAYER

Der Innenstadtkanal entzieht sich jeder Navigation. Die Panke bringt uns zum Ziel und spuckt uns aus. Alles piano, Zonke!

Mal ist die Panke ein eingepferchter Innenstadtkanal; zuweilen schlängelt sie dahin wie ein Wildbach. Dazwischen: Schnellstraßen, Übergänge, Brüche. An der Panke entlanglaufen, heißt, ins Unbekannte laufen. Wie lange geht's so weiter? Eine klar umrissene Antwort gibt es nicht, denn es gibt viele Panke-Wege. Brückengrün, Geländerrot, Schwunggeländer, Gitterbrücken, das haben wir hier. Den nach ihr benannten Weg zu verlieren, gehört dazu, genauso wie die Suche nach seiner Fortsetzung. War's das jetzt? Autobahn. Es geht weiter, dahinter wartet ein Karpfenteich. Kleingartenkolonie. Danach kommen die Ebenen. Und Esel.

Mehrere Dutzend Kilometer schlängelt sich die Panke von Bernau aus nach Berlin hinein, um sich dort mit der Spree zu vermengen. Grenzen und Limits kennt sie nicht. Dabei passiert sie diverse Lebensweisen und vereint und bezeichnet in ihrer angrenzenden Landschaft Klassengrenzen: Bürgerpark, Schlosspark – und verschwindet zwischendurch lässig hinter herrschaftlichen Häuserzeilen.

Sie ist ein Übergang, eine Passage. Geografisch von Blankenburg über Weißensee nach Wedding bis nach Mitte. Physisch, wenn im Herbst der Nebel in den Himmel steigt. Vom Wildbach in Uferniederungen wird die Panke zur schnurgeraden Gracht.

Die Panke bildet einen Landstrich, der Energie erfordert und verlangt, offen zu sein für Seitenwechsel. Auf in die sie umgebenden Stadtviertel: schicke Neubauten und dicke Autos; lesende Arbeiter:innen und verschmierte Leinwände. Lederkäppi, Panamahut, Cowboyhut, Trilby – die Panke quetscht Vielfalt auf kleinen Raum. Gelbe Plastikrohre stützen morsche Bäume. Orgelklänge, Motorsägen, Elektrosensen. Weiter unten in Mitte wurde früher sogar im Fluss getauft. Petit Palais, Portikus, Pergola, Putten. „Seid wachsam". Die Panke sprüht vor spröder Schönheit.

Promenade is anderswo. Stattdessen verspricht die Panke: mehr Rosen. Alles piano, Zonke! Senke, Skatepark, Spielplätze. Ständige Vorsicht und Rücksichtnahme. Buckelpisten zwischen Kleingartenanlagen, Fußballfelder hinter Brennnesseln. Bananenapfelweg, Mönchsapfelweg, Pfaffenapfelweg. Knorrige Kiefern vor grün-weißen Tüchern auf britischen Rindern.

Der Springbrunnen ist an und du sagst zu mir: „Ja, dann wäre die Welt besser."

Die Panke bringt uns zum Ziel und spuckt uns aus: Raus aus der Fantasie und hinein in die starre, städtische Form. Nichts fließt, alles verblasst, da, wo die Panke nicht ist. \

English version on p. 221

PANKEWEG
Quelle der Panke in der Nähe des S-Bahnhof Bernau, am Bahnhofsplatz 4, 16321 Bernau

⊙ 52.678424, 13.599970

03 Großer Tiergarten

Berlins grünes Herz

von
KIM MORTEGA

Der Tiergarten zeigt eindrucksvoll, wie Natur und Stadt harmonieren können. In der Nacht sorgen 30 Nachtigallpärchen dafür, dass das Singen immer weitergeht

Im Wandel der Jahreszeiten kehren jedes Frühjahr Hundertausende von Zugvögeln zurück nach Berlin. Ihr Gesang vertreibt den langen Winter und belebt den Großen Tiergarten mit einer Symphonie aus Vogelstimmen. Nachts, wenn die Dunkelheit sich über den Park legt, erfüllt der Gesang eines unscheinbar aussehenden Vogels die Luft. Es ist ein Erlebnis, das meine Seele zutiefst berührt.

Die Nachtigall im Großen Tiergarten ist nicht nur ein Vogel, sondern ein Symbol für die Unberührtheit und die stille Poesie der Natur inmitten einer hektischen Welt. Mehr als dreißig Paare ziehen ihre Nachkommen hier auf. Mit etwas Glück kann man demselben Männchen in seinem Revier Jahr um Jahr wiederbegegnen.

Solch eine Vertrautheit schafft eine Beziehung zur Natur und eine Vorfreude auf mehr. Genau wie die Vögel kehre ich immer wieder in den Großen Tiergarten zurück, tanke Energie und genieße das bunte Treiben – ein Kleiber, der den Baumstamm kopfüber hinunterläuft, Rotkehlchen, die wie Goldregen ihren zärtlichen Gesang zwitschern, jagdfreudige Bussarde, die den riesigen Park nach Mäusen und jungen Kaninchen durchstreifen.

Mit seinen rund 200 Hektar zwischen Hansaviertel, Brandenburger Tor, Potsdamer Platz und Bahnhof Zoo bietet der Große Tiergarten den Bussarden genügend Platz zum Leben. In der Vergangenheit war das nicht immer so. Im Zweiten Weltkrieg erlitt der Park aufgrund der Kämpfe im Zentrum von Berlin erhebliche Schäden. Die letzten Bäume fielen in der Nachkriegszeit der Suche nach Brennmaterial zum Opfer. Über eine Million junge Bäume schenkten andere deutsche Städte zur Wiederaufforstung.

Heute findet man kaum noch Spuren der Zerstörung. Die einzigen Zeitzeugen sind zahlreiche Denk- und Mahnmäler, auf die ich immer wieder auf meinen Spaziergängen stoße. Unter einem dieser Denkmäler wohnt eine Fuchsfamilie. Die herumtollenden Jungfüchse scheuen meine Gegenwart nicht. Wir sind im Einklang miteinander und ich kann entspannt im hohen Gras der Wiese liegen, den Insekten lauschen und den waghalsigen Flugmanövern der anmutigen Mauersegler in der Luft zuschauen.

Der Große Tiergarten zeigt eindrucksvoll, wie Natur und Stadt miteinander harmonieren können. Die alten Bäume und der Gesang der Nachtigall sind ein Zeugnis dafür, dass auch im Herzen einer Großstadt die Natur ihre eigene, stille Präsenz bewahrt. Dieser Park ist ein Ort der Ruhe und ein lebendiges Beispiel für den Reichtum der städtischen Natur Berlins. \

English version on p. 222

TIERGARTEN
Straße des 17. Juni 100,
10557 Berlin

⊙ 52.5140221, 13.3372965

04 Volkspark Humboldthain

Ein Park über und unter der Erde

von
ANNA-LENA WENZEL

3K

Auf, das heißt eigentlich: ab in Berliner Unterwelten. Der Volkspark Humboldthain ist auch ein archäologisches Erlebnis

Der Volkspark Humboldthain punktet auf vielen Ebenen: Hier befinden sich das *Sommerbad Humboldthain*, ein Abenteuerspielplatz und eine Sportkletteranlage, viele Wiesen, ein akkurat gepflegter Rosengarten und ein sich selbst überlassenes Rechteck Natur, es gibt Erinnerungen an das Vergangene, wie einen Gedenkstein an den Namensgeber Alexander von Humboldt und ein Denkmal für die deutsche Wiedervereinigung, und von der Aussichtsplattform einen beeindruckenden Blick auf das gegenwärtige Berlin.

Die spezifische hügelige Topografie verdankt der Volkspark Humboldthain der Tatsache, dass sich hier im Zweiten Weltkrieg ein Flak- und ein Leitturm sowie unterirdische Bunkeranlagen befanden. Während der südliche Turm gesprengt wurde und unter Trümmerschutt verborgen ist, ist der Flakturm, der sieben Stockwerke tief in die Erde ragt, heute teilweise betretbar. Das ist dem Verein *Berliner Unterwelten* zu verdanken, der sich als Forschungs- und Vermittlungsinstanz versteht und nicht nur zahlreiche Informationen und Infrastrukturen zur Geschichtsvermittlung zusammengetragen, sondern auch den ehemaligen Flakturm so weit wieder zugänglich gemacht hat, dass hier seit 2004 Gruppen durchgeführt werden können – jedenfalls von April bis November, denn im Winter dient der Bunker als Fledermausquartier.

Das Betreten der Ruine ist ein abenteuerliches Unterfangen, da große Teile des Bunkers durch Sprengungen beschädigt worden sind. (Aber keine Sorge: Bei der Führung wird penibel auf die Sicherheit der Besucher:innen geachtet.) Dass ein Teil des Bunkers heute noch steht und nicht wie üblich gesprengt wurde, hat damit zu tun, dass das französische Militär nach dem Krieg nicht riskieren wollte, die sich in unmittelbarer Nähe befindenden und unter (…)

sowjetischer Hoheit stehenden Bahnanlagen zu beschädigen. So ist ein Fake-Hügel entstanden, dessen Ursprung weiterhin begehbar ist.

Der Weg zur Spitze lohnt sich auf jeden Fall: Entweder man steigt tief hinab in Größenwahn und Gräueltaten deutscher Geschichte oder genießt die weite Aussicht. Wie sich der Park, der 1869 angelegt wurde, im Lauf der Zeit verändert hat, erfährt man in einem überdachten „Archäologischen Fenster" direkt an der Brunnenstraße, gegenüber dem U-Bahn-Ausgang des Bahnhofs Gesundbrunnen. Es ist ebenfalls auf Initiative des Vereins *Berliner Unterwelten* entstanden und wurde 2015 errichtet. Hier kann man auf Fundamentreste der Himmelfahrtskirche blicken, die hier früher stand, und historische Ansichten des Parks und der Umgebung bestaunen.

2023 sorgte ein weiterer spektakulärer Fund aus dem Untergrund für Aufsehen: Zwei Jahre zuvor hatte Monika Puhlemann ein Gedicht im Nachbarschaftsmagazin veröffentlicht, in dem sie nach dem Verbleib des sogenannten „Weißen Stiers" fragt, den sie als Kind aus dem Park kannte. Es handelt sich um eine Marmorskulptur des Bildhauers Ernst Moritz Geyger, die 1901 auf der zentralen Wiese des Parks neben einem Teich aufgestellt wurde. Im Krieg beschädigt, war sie seit den 1950er-Jahren verschollen. Daraufhin wurden der Vereinsvorsitzende der Berliner Unterwelten, Dietmar Arnold, und die Archäologin Claudia Melisch aktiv. Sie konnten mithilfe von historischen Karten und Aufnahmen den ursprünglichen Standort ausfindig machen, die Skulptur bergen und das „Archäologische Fenster" um den Sensationsfund ergänzen. \

English version on p. 222

VOLKSPARK HUMBOLDTHAIN
Brunnenstraße 100,
13357 Berlin

⊙ 52.5465530, 13.3900181

05 Park am Nordbahnhof

Alles hier ist von selbst gewachsen

von
ANNA-LENA WENZEL

Ich sehe was, was du nicht siehst
\
Ein Spaziergang mit BIRGIT SEITZ, Biodiversitätsanalytikerin

Das seit Jahrzehnten brachliegende Bahngelände nördlich der S-Bahnstation Nordbahnhof wurde Anfang der 2000er-Jahre neugestaltet. Die Kombination aus alten Gleisen, Mauerstreifenresten und Brachenvegetation ist ein einzigartiges Refugium für Pflanzen und Tiere, Abenteurer:innen und Ruhesuchende.

Der schmale Parkstreifen besticht durch seine dezente Gestaltung: eingefasste Wiesen mit vereinzelten Bänken und Spielgeräten, in Szene gesetzten historischen Relikten, aufgeschichteten Bahnschwellen.

Birgit Seitz ist Mitarbeiterin für Biodiversitätsanalytik am Institut für Ökologie der TU Berlin und im Beirat des *Botanischen Vereins von Berlin und Brandenburg*. Mit ihr bin ich auf Entdeckungstour. Sie beginnt zu erzählen:

„Bei der Umgestaltung wurde sehr viel der natürlich gewachsenen Vegetation integriert. Das Gelände war bis 1952 ein Bahnhof, dann war hier lange Zeit Mauerstreifen. Zu dieser Zeit wurde das Gelände dauernd abgeräumt und auch mit Herbiziden behandelt, damit man einen guten Blick hat. Nach 1990 ging es dann los mit dem Pflanzenaufwuchs. Ab 2004 wurde der Park nach Plänen des Büros *Fugmann/Janotta* umgestaltet, wobei viel von der wilden Vegetation in das Parkkonzept übernommen worden ist. Typische Ruderalvegetation sind die Birke oder die Robinie, wie wir sie hier auch sehen können. Weitere typische Sträucher sind die Wildrosen oder die Mahonie mit den dunkelgrünen Blättern und gelben Blüten, die aus den Gärten kommt."

Wir drehen uns um und schauen auf die Wiese, deren Gras kurz und zertrampelt aussieht.

„Wahrscheinlich wird diese Fläche nicht gemäht, aber durch das ständige Begehen kurzgehalten. Dadurch bleibt die Vegetation sehr locker und offen. Das Grünflächenamt wird nur das Nötigste machen. Erklärtes Ziel ist, dass das Gelände weitgehend sich selbst überlassen wird."

Birgit Seitz geht einige Meter auf die Wiese, schaut sich um und bückt sich. (...)

„Wo man denkt, da wächst noch gar nichts, kann man doch so einiges entdecken, wenn man genauer guckt. Das ist ein Frühlings-Hungerblümchen. Es heißt so, weil es auf nährstoffarmen Standorten wächst."

Wir kommen zu einem quadratischen Areal, einem von drei sogenannten Trapezen, die sich inselartig in der Mitte der Wiesen befinden und durch Stege erreichbar sind. In ihnen befinden sich Spiel- und Sportgeräte wie Trampoline und Sitzgelegenheiten.

„Hier ist was Schönes! Das gelb blühende Frühlings-Greiskraut. Das sieht man oft an S-Bahngleisen. Dazwischen wächst ein Steinbrech, viele Arten dieser Pflanzengattung kennt man von Felsstandorten aus den Alpen. Das hier ist der Dreifinger-Steinbrech, eine in Berlin etwas seltenere Art, die sich auf hiesigen Brachflächen immer weiter ausbreitet, besonders entlang von Bahnanlagen. Das hier ist Mauerpfeffer, das ist eine Sukkulente, die schmeckt ein bisschen nach Pfeffer. Außerdem das Rasen-Vergissmeinnicht und die Platterbsen-Wicke. Ein faszinierender Mikrokosmos!"

Wir sind am westlichen Rand des Parks angekommen, links vom Gehweg befinden sich mehrere Volleyballfelder. Geradeaus ist ein eingezäuntes Areal, durch das wir zwei Füchse laufen sehen. Wir biegen um die Ecke und kommen zum immer schmaler werdenden Parkstreifen, der nach Norden führt. Interessant ist der wechselnde Bodenbelag: Zunächst gibt es große Betonplatten, die wahrscheinlich noch von der Grenzanlage herrühren. Dann verlaufen Gleise quer über den Boden. Im Gebüsch liegen Backsteinreste herum, die eventuell vom früheren Bahnhof stammen. Die Landschaftsarchitekten wollten die Geschichte des Ortes nicht inszenieren, sondern beiläufig erfahrbar machen.

„Im ganzen Park wurde wirklich nichts gepflanzt, alles ist von selbst gewachsen und dann in die Parkgestaltung integriert worden. Das hat eine besondere Ästhetik und ist ein toller Ansatz, möglichst wenig gestalterisch einzugreifen."

Der Weg endet mit dem Blick auf die rostige Eisenbahnbrücke, die heute ein Industriedenkmal darstellt. Ein Goldlack blüht direkt am Zaun. Wir gehen den Weg wieder zurück und schauen uns die Infotafel am Ausgang zur Bernauer Straße direkt gegenüber dem Nordbahnhof an.

„Verrückt, nicht wahr?", sagt Birgit Seitz, als wir uns die historischen Aufnahmen der Gleisanlagen und des Mauerstreifens anschauen. „Was sich seitdem verändert hat!" \

English version on p. 223

PARK AM NORDBAHNHOF
Gartenstraße 45,
13355 Berlin

⊙ 52.5359127, 13.3844145

"...We come to your
town...,"

14.6. –
15.9.24
MONBIJOU
THEATER

06 Monbijou-park

Mein Schmuckstück

von

ANNA-LENA WENZEL

Seitenansicht des Bodemuseums, auf der gegenüberliegenden Spreeseite des Monbijouparks, wie sie mit der Fähre zu erkunden ist

In einer Anzeige wäre der Park eine Luxusimmobilie. Gut, dass er eine öffentliche Parkanlage für uns alle ist

Kein anderer Park in Berlin-Mitte hat auf komprimierte Weise so viel zu bieten wie der Monbijoupark. Er punktet mit einem Spree-Zugang, mit Freilufttheater, Kinderschwimmbad, Fitnessparcours und der sympathischsten öffentlichen Toilette Berlins. Kein Wunder, dass „Monbijou" aus dem Französischen übersetzt „mein Schmuckstück" heißt. „Das knapp fünf Hektar große Anwesen nahe der Spree galt einmal als das schönste in ganz Berlin", heißt es in der Beschreibung des Parks auf der Internetseite *visitberlin*.[3]

Etwas prosaischer als „Viehhof der Kurfürstin" wird die Herkunft des Parks auf einer Informationstafel beschrieben, die sich am nördlichen Eingang zur Oranienburger Straße befindet. Hier erfährt man, dass die Anfänge des Parks auf das 16. Jahrhundert zurückgehen, als er tatsächlich als Viehhof genutzt wurde. Auch im folgenden Jahrhundert diente er der landwirtschaftlichen Nutzung bis hier 1703 das Schloss Monbijou, ein Lusthaus, gebaut wird. Es erfuhr in den darauffolgenden Jahrhunderten mehrere Erweiterungen und wurde unter anderem durch ein Domkandidatenstift und eine Halle für Ballspiele ergänzt. 1789/90 errichtete Georg Christian Unger zudem ein Torgebäude mit einem Theater, in dem Szenen aus Goethes „Faust" uraufgeführt wurden. Nach dem Tod von Königin Friederike Luise, die 1805 in Monbijou starb, wurde der Park öffentlich zugänglich und auch das Schloss wurde umfunktioniert. Es beherbergte ab 1877 das Hohenzollernmuseum. Im Zweiten Weltkrieg wurde es größtenteils zerstört und auf Beschluss des SED-Magistrats 1959 abgerissen. Danach begann der Parkneubau im Rahmen des „nationalen Aufbauwerkes", zahlreiche Bäume wurden gepflanzt und das (...)

Kinderbad wurde errichtet. Ab 1973 war der Volkspark „Freizeit- und Erholungszentrum" mit neuen Kleinsportanlagen, Spielflächen, einer Schießanlage und einer Parkgaststätte mit Turnsaal.[4]

Aus diesem kurzen historischen Abriss geht hervor, wie stark sich der Park über die Jahrhunderte veränderte und immer wieder neu bebaut wurde. Viele dieser Einrichtungen sind heute verschwunden, wie das Schloss oder das Atelierhaus aus den 1950er-Jahren, das 2011 abgerissen wurde. Dafür gibt es heute noch das Kinderschwimmbad und viele neue Attraktionen, wie einen Kinderspielplatz, Volleyball- und Basketballplätze und einen Freeletics Training Ground. Vor allem aber gibt es das *Monbijou Theater* inklusive Märchenhütte und Gastronomie, das mit seiner improvisierten Ästhetik ein bisschen aus der Zeit gefallen wirkt. Interessantes Detail: Aufgebaut wurden die Hütten und das Theater auf einem ehemaligen Luftschutzbunker, der circa 1939/40 für das Haupttelegrafenamt in der Monbijou-/Oranienburger Straße gebaut wurde.[5] Das Monbijou Theater nutzt ihn seit 1998 in den Sommermonaten als Basis für ihr hölzernes Amphitheater, das auch einen Getränkeausschank und eine Pizzeria umfasst. Hier kann man im Sommer herrlich sitzen, den Tänzer:innen zuschauen und den Ausblick auf die Spree und die Museumsinsel genießen. \

English version on p. 224

MONBIJOUPARK
Oranienburger Straße,
10178 Berlin

⊙ 52.5240189, 13.3966499

MONBIJOU

07 Dorotheenstädtischer Friedhof

Immer neue Bekanntschaften

von
DAVID BAUM

Wen will Berlin in Ehren halten? Hier sind sie alle

In slawischen Überlieferungen werden Katzen als Verbindungsoffizier:innen zum Jenseits beschrieben. Eine These, die auf dem Dorotheenstädtischen Friedhof von Berlin-Mitte durchaus glaubhaft wirkt. Niemand weiß ganz genau, warum und seit wann sie alle hier umherschleichen, die Friedhofsgärtner:innen erzählen unterschiedliche Geschichten. Die eleganteren unter diesen lebendigen Bewohnern leben in Puppenhäuschen, die zwischen den Grabmalen bedeutender Berliner:innen von wem auch immer errichtet wurden.

Ich war zum ersten Mal wegen Hanns Eisler hergekommen, einem der vielen Österreicher, die in Berlin gestrandet waren. Seine australische Großnichte betrieb unter meiner damaligen Wohnung in der Linienstraße eine wundervolle Lesbenbar namens *Sharon Stonewall*, wo ich gern einkehrte. Helen erzählte Anekdoten über ihren berühmten Komponistenonkel, dem die DDR ihre schöne Hymne zu verdanken hatte, und erzählte mir, dass er mit seiner Frau, ihrer Großtante Steffy, um die Ecke begraben liegen würde. Die beiden liegen schmucklos unter einem bemoosten Steinklotz an der Wand irgendeines uralten Ehrenmals.

Was die eigentliche Faszination dieses Friedhofs ausmacht: Er erzählt uns, wen die Berliner:innen zu welcher Epoche in besonderer Erinnerung halten wollten und darum ihm oder ihr ein Ehrengrab bereiteten. Im Königreich Preußen kamen hier die Dichter, Künstler und Denker unter, namentlich Fichte, Hegel, Klenze, Schinkel, Schadow, Rauch, im Kaiserreich kamen Helden der Industrialisierung dazu, etwa August Wilhelm von Hofmann, Erfinder der Anilinfarben, oder Ernst Litfaß, Erfinder der nach ihm benannten Plakatsäule.

Die Toten der DDR sind bis heute markant, Bertold Brecht, die Weigel, Anna Seghers, Heinrich Mann, Heiner Müller – auch wenn der sechs Jahre nach der Wende gestorben war. Bei ihm bin ich inzwischen oft und lange gestanden. An der schmucklosen Grabstelle des zeit- (...)

lebens gern Zigarre rauchenden Großdramatikers ist ein kleiner Aschenbecher montiert, falls mal ein Freund auf eine Havanna vorbeikäme, aber die meisten von ihnen leben nicht mehr. Einmal entdeckte ich ein verwelktes Gesteck auf einem Erdhaufen mit einer schmutzigen Schleife auf der „In Dankbarkeit, die SPD Sylt" stand. Ich wusste nicht einmal, dass es auf Sylt eine SPD gibt, umso erstaunter fragte ich mich, um wen die Inselgenossen wohl derart trauern mögen? Nach langem Herumfragen stellte sich heraus, dass man den früheren Bundespräsidenten Johannes Rau hier so schmucklos verbuddelt und die chaotische Berliner Verwaltung es ewig nicht hinbekommen hatte, einen Grabstein zu organisieren. Ein Freund, Chefredakteur einer Tageszeitung, dem ich davon erzählte, wollte gar eine Schlagzeile daraus machen, ließ es aber dann, um die Präsidentenwitwe nicht zu bestürzen. Kurz darauf stand der Stein. „Der hier war mit dem Jesus" hat sich das tote Staatsoberhaupt draufmeißeln lassen.

Der Dorotheenstädtische ist ein fröhlicher Friedhof. Man fühlt sich wie auf einem stillen Empfang einer illustren Gesellschaft, und sooft man auch hinkommt, entdeckt man neue Berühmtheiten, die heute kaum einer mehr kennt. Der Planer dieser ewigen Promi-Party hat jedenfalls Humor, da nicht so viel Platz ist zwischen Hannoverscher und Invalidenstraße rücken sie sich im Untergrund von Mitte einander ziemlich auf die Pelle.

Und hat man zu viel von dem Getümmel, bietet sich nebenan der alte Hugenottenfriedhof an, wo die ersten Generationen der französischen Einwanderer ruhen, die den alten Preußen ein bisschen guten Geschmack mitbrachten, Savoir-vivre weit über den Tod hinaus. Der ganze Friedhof hat bis heute mehr Stil als die Fashion Week. Hier geht es so elitär zu, dass sich selbst die Katzen scheuen, über die Mauer zu kommen.

Inzwischen liegen hier auch Menschen, mit denen ich persönlich bekannt oder gar befreundet war. Mein Lieblingsregisseur Dimiter Gotscheff, der Schauspieler Jens Lehmann, mit dem ich gern in der Kantine des Deutschen Theaters saß, mein Freund, der Künstler und Modeblogger Carl Jakob Haupt. Sein kleines Grab, auf dem „Weiter" steht, grenzt an jenes des Kommunarden und Terroristen der Bewegung 2. Juni Fritz Teufel, und manchmal frage ich mich, wie ihre Aschen da unter der Erde wohl zueinandergefunden haben. Es wissen nur die Katzen, aber sie schnurren bloß und schweigen.

Die Frau hinter dem Tresen im *Alt-Berlin* gleich gegenüber hat einmal gesagt, während sie ein Berliner Kindl zapfte, dass man all jene Orte Heimat nennen dürfe, wo einem die Namen auf den Friedhöfen etwas sagen. Vielleicht fühlt man sich deshalb so zu Hause hier, auch wenn man längst woanders wohnt. \

English version on p. 225

DOROTHEENSTÄDTISCHER FRIEDHOF
Chausseestraße 126,
10115 Berlin

⊙ 52.5286585, 13.3840291

08 Mauer-park

Mauer, wo bist du?

von
ANNA-LENA WENZEL

Früher ein notdürftig begrünter, streng abgeriegelter Grenzstreifen, ist der Park heute … sehen wir mal

Spaziergang mit dem Schriftsteller DAVID WAGNER

„Ach Mauerpark, ick lieb dir. Obwohl in dir heute, Sonntag, sicher noch der Müll von gestern liegt. Und obwohl da heute Abend sicher noch viel mehr Müll liegen wird und du wieder überfüllt sein wirst, ich mag dich, Mauerpark“[6], schreibt der Schriftsteller David Wagner, der in der unmittelbaren Nachbarschaft des Mauerparks wohnt, dessen Text im Grunde von der „abwesenden Mauer“ handelt, wie er sagt. Kein Wunder, dass er am liebsten früh morgens in den Park geht, bevor die Familien und Tourist:innen, die Sportler:innen und die Feierlaunigen kommen.

Zusammen betreten wir den Park von der Bernauer Straße im Süden und gehen zunächst die Anhöhe zum Friedrich-Ludwig-Jahn-Stadion hinauf. Von hier aus hat man einen guten Überblick. Während rechts von uns Sprayer bunte Bilder an die Mauer sprühen, schweift der Blick in Richtung Westen, hin zu dem Teil des Parks, auf dem sich jahrelang Baracken und eine Gärtnerei befanden. Nun sind die meisten Gebäude abgerissen und einer parkplatzähnlichen Fläche gewichen, auf der sonntags der Flohmarkt seine Stände öffnet. Was sich nach der Wende organisch angeeignet und selbstorganisiert bepflanzt wurde, ist heute durchgeplant und ausgebaut. Dennoch blieb der informelle Charme an einigen Stellen erhalten.

Wir gehen die Anhöhe wieder hinunter und laufen in die Kopfsteinpflasterstraße Richtung Norden. Links befindet sich Wedding, rechts Prenzlauer Berg. Während der ehemalige Osten durch sozialen Wohnungsbau geprägt ist, befinden sich im ehemaligen Westen sanierte Altbauten. Hier sind die Mieten nach der Wende in die Höhe geschossen und die Bewohnerschaft hat sich fast komplett ausgetauscht.

Wagner lotst mich zum Steinkreisel, der auf der neu angelegten Ost-West-Passage angelegt wurde und in dessen Mitte sich grobe Sitzgelegenheiten und ein überdimensionierter Tisch befinden. Hier mögen wir uns nicht hinsetzen, stattdessen gehen wir Richtung Norden zur Apfelwiese und schauen uns den Gemeinschaftsgarten an, der angenehm ungestaltet daherkommt. (…)

Weiter geht's in Richtung Birkenwäldchen. Wagner ist begeistert von der Höhe der Birken, schließlich sind die Bäume gerade erst dreißig Jahre alt. Wir folgen freigelegten Gleisen im Boden und Wagner erzählt, dass diese zum Güterbahnhof gehörten, zu dem die Züge der Nordbahn fuhren. Wir laufen über den *Gleimtunnel* bis zur *Jugendfarm* und die neu angelegte Spielplatzlandschaft. Linkerhand ziehen sich Neubauten bis zu den Gleisen. In der Ferne kann man die frei stehende Fußgängerbrücke erkennen, die den Park mit der Behmstraßenbrücke verbindet.

Auf dem Rückweg gehen wir die Treppen zur Gleimstraße hinunter und kommen in einen Teil des Parks, der noch ein bisschen wild ist und aus einer anderen Zeit kommt: Wir stehen vor einem kleinen Wasserbecken, in dem sich drei Solaranlagensonnenblumen und zahlreiche Findlinge befinden. Aus undurchdringlichem Grün klingt Spatzengezwitscher.

Von hier durchqueren wir den Falkplatz, der viel älter ist als der Mauerpark, und laufen durch die Sportanlagen zurück. Als wir zu unserem Ausgangspunkt zurückkehren, macht mich Wagner auf das neue „Archäologische Fenster" aufmerksam: Ein etwas brachial anmutendes, in den Boden gelassenes Rechteck umrandet Reste von DDR-Grenzanlagen. Besonders fasziniert mich ein Bild, bei dem Anwohner:innen nach der Wende damit beschäftigt sind, das brachliegende Niemandsland eigenmächtig zu begrünen und zu einem Park umzufunktionieren. Auf dem Infoschild heißt es dazu: „Nach der Öffnung der Mauer 1989 eigneten sich Bürgerinitiativen den früheren Mauerstreifen an. Aus den vielfältigen Aktivitäten zur Begrünung des Grenzstreifens entstand seit 1992 der Mauerpark." Gut zu wissen. \

English version on p. 226

MAUERPARK
Eberswalder Straße 1,
10437 Berlin

⊙ 52.5408265, 13.4049977

09 Schlosspark Schönhausen

Der Park, in dem die DDR abgeschafft wurde

von
ILKO-SASCHA KOWALCZUK

Auf dem Schlosspark lasten 300 Jahre deutscher Geschichte. Und doch hat er sich die Unschuld eines Parks bewahrt

Ich kam gern mit meinen vier Kindern hierher, als sie noch kleiner waren. Wir wohnen in der Nähe des bürgerlichen Pankow, im Prenzlauer Berg, auch bereits als er noch nicht so aussah wie heute. Es ist nie voll im Schlosspark. Das letzte Mal vielleicht am 30. Juni 1963, als der damalige „Zonendiktator" Walter Ulbricht zum 70. Geburtstag 40.000 Gratulant:innen zwischen akkuraten Beeten Schlange stehen ließ. Zehn Stunden lang. Auch eine Art, einen Park zu nutzen.

Wenn ich mit meinen Kindern im Schlosspark war, konnte ich mich immer gut frei machen davon, aber im Prinzip repräsentieren Schloss und Park die Umbrüche der deutschen Geschichte wie nicht viele andere Orte. Die Gegenwart kapituliert ein wenig davor, denn heute passiert so gut wie nichts in dem Park. Keine Infrastruktur, kein Café, kein Büdchen – was für Besucher:innen auch Vorteile hat. Man kommt zu sich und die Kinder sind nicht gestresst, wann sie das erste Capri Orange bekommen. Und – der Spielplatz ist ganz wunderbar!

Der Park ist ja so alt! Seine Geschichte beginnt 1662, mit dem Adelsgeschlecht der zu Dohna-Schlobitten, die das Barockschloss errichten, um das Inventar ihres Schlosses in Ostpreußen unterzubringen. Ab Ende des 17. Jahrhunderts bis 1918 sind Schloss und Park im Besitz der Hohenzollern. Seine Blütezeit erlebt der Schlossgarten zwischen 1740 und 1797, als Königin Elisabeth Christine, Gemahlin Friedrichs des Großen, das Schloss im Sommer regelmäßig bewohnt.

In der Zeit entwickelt Peter Joseph Lenné (1789–1866), der damalige Superstar der Gartengestalter, den ursprünglich holländischen Garten weiter. Zunächst im französischen Stil, dann im englischen, mithilfe der Hofgärtnerfamilie Nietner. Fünf als Naturdenkmal geschützte Platanen am Schloss stammen aus dieser Zeit.

Die einstige Größe der Residenz lässt sich heute noch erahnen: Zum Schlossgarten gehörte auch ein Schlossgut, das sich heute als Volkspark Schönholzer Heide westlich des Schlosses erstreckt. (...)

Novemberrevolution 1918 – Park und Schloss werden enteignet. In den 30er-Jahren nutzten die Nazis das Schloss als Lager für „entartete Kunst". Nach den Nazis kamen die Sowjets und nahmen alles in Beschlag. Und mit wenig Rücksicht auf die landschaftlichen Gestaltungen von Lenné im 19. Jahrhundert wird der Garten nach Kriegsende 1945 geteilt. Der kleinere, mit einer Mauer umfriedete Teil dient als Amtssitz von Wilhelm Pieck, dem ersten Präsidenten der DDR, und die gesamte Anlage wird zur Repräsentationsfläche der Regierung.

1949 erhält Gartenarchitekt Reinhold Lingner (1902–1968) den Auftrag, innerhalb der Mauer einen repräsentativen Garten für Empfänge und gesellige Zusammenkünfte zu planen. Lingner prägt eine eigene, dem Herrschaftlichen abgewandte, sozusagen sozialistische Gartenästhetik. Es entstehen die Gesellschaftsterrasse als medienwirksamer Präsidentenort sowie Teehaus, Springbrunnen und kleine Gartenräume für Vier-Augen-Gespräche. Aufwendiger Wechselblumenschmuck mit Frühjahrs- und Sommerblumenbepflanzung, die Staudenanlagen sowie die Sommerbepflanzung der Blumenkübel von Hedwig Bollhagen sind Ausdruck der sozialistischen Begeisterung für üppige Stauden- und Blumenverwendungen.

Walter Ulbricht ließ sich nach Piecks Tod 1960 im Ostberliner Zentrum einen neuen Amtssitz als Staatsratsvorsitzender bauen. Von der Peripherie in die Mitte. Der Umzug erfolgte 1964. Bis 1990 dient die Schlossanlage als Gästehaus der DDR-Regierung. Quartier beziehen Fidel Castro, Nicolae Ceaușescu oder Ho Chí Minh. Letzter Staatsgast der DDR ist 1989 Michael Gorbatschow. Ab dem 27. Dezember 1989 beherbergt das Schloss den „Zentralen Runden Tisch" der DDR, der zuvor im Zentrum getagt hatte. Der „Runde Tisch" besiegelt das Ende der SED-Diktatur. 1989/90 beschließt er im Casinogebäude des Schlosskomplexes die Auflösung des Ministeriums für Staatssicherheit und die Abhaltung der ersten freien Volkskammerwahlen im März 1990.

Heute können Besucher:innen wieder alle Zeitschichten in Schloss und Garten Schönhausen entdecken. Die in den 1950er-Jahren entworfenen Blumenbeete sowie die Gartenmöbel nach Entwürfen von Liv Falkenberg sind wieder zu bewundern. Die Fontäne erinnert zwar an barocke Wasserspiele, ist aber mit ihrem bunt beleuchteten, sechs Meter hohen Strahlenbild sowie dem flachen Beckenrand fester Bestandteil der Ostmoderne. Auch die Gartenkeramiken der Hedwig Bollhagen sind in den Schlossgarten zurückgekehrt, und das Seerosenbecken wird instandgesetzt.

An die Revolutionszeit erinnert eine Gedenktafel im Vorhof zur Ossietzkystraße. Das Schloss beherbergt ein Museum, in dem rund um das Arbeitszimmer von Wilhelm Pieck und fünf authentische Räume die Nutzung als Staatsgästeapartments thematisiert wird. Eine Ausstellung in den Wachhäusern informiert über die Rolle des Schlosses als Ort der SED-Herrschaft und der Revolution von 1989/90. Der authentische Ort des „Zentralen Runden Tisches" wird heute von der Bundesakademie für Sicherheitspolitik genutzt.

Meine Kinder sind mittlerweile erwachsen. Ihnen ist der Bürgerpark in Pankow näher, obwohl wir im Schlosspark so manches Abenteuer erlebten – hier war es nie überlaufen. Sie ärgern sich heute, dass auf den Wiesen striktes Grillverbot herrscht. \

English version on p. 227

SCHLOSSPARK SCHÖNHAUSEN
Tschaikowskistraße 1,
13156 Berlin

⊙ 52.5779830, 13.4040345

10 Schönholzer Heide

Eine Heide für alle Fälle

von
LUKAS LESSING

Keine Zäune sowieso, keine Mauern, und manchmal weiß man nicht mal, ob man noch drinnen steht oder schon draußen

Das ist mein persönlichster Park in Berlin. In dessen Boden vergrub ich mal etwas, zusammen mit meiner Frau, und dann pflanzten wir darauf einen Nussbaum, vor vielen Jahren. Der Baum steht bis heute. Einmal hackte ihn jemand beinahe zur Gänze ab, einmal vertrocknete er fast, einmal erfror er zur Hälfte, aber er ist hart. Er steht. Ich sage euch nicht, warum wir das taten und was da unten ruht, nur so viel: Die Schönholzer Heide ist offen für solche Dinge, weil sie mehr Wildnis ist als Park, mal abgesehen von den straff geometrisch organisierten Beeten, Bäumen und Hecken des Sowjetischen Ehrenmals.

Die Schönholzer Heide ist eine für viele Deutungen offene Fläche, auch in ihrer zeitlichen Dimension, denn sie war schon vieles: Maulbeerplantage, Friedhof, Schloss, Sportarena, Vergnügungspark mit Riesenrad und Zwergenschau, Zwangsarbeiterlager, Bunker, Soldatenfriedhof. Auch ihr könnt euch dort einschreiben, und es wird kaum einer merken, solange es im Guten passiert, und hier passiert fast alles so: Kriminalitätsstatistik Berlin – darin gab es in der Schönholzer Heide nur ein einziges Delikt im letzten Berichtsjahr. Eines! In anderen Parks, ich nenne keine Namen, waren das etliche Hunderte, Todesfälle nicht ausgeschlossen. Aber hier ist Pankow, fast schon Provinz. Freundliche Kleinbürgergegend, im großen Spektrum zwischen Schrebergarten, Einfamilienhaus, sanierter Platte und halbherzig gentrifiziertem Altbau.

All die dort Wohnenden führen unter den Kiefern, Fichten, Ahornen, Buchen und Platanen ihre Hündchen aus, joggen dort ihre Runden, eilen mit ihren Rädern von einer Seite zur anderen, kicken ihre Bälle über die Wiesen – und ganz wenige kehren in der Gartenküche ein, dem ehemaligen Heideröschen, waldigstes, romantischstes und fast liebevollstes Restaurant der Stadt.

Der Park als Ganzes ist hingegen nicht so ein Verweil- und Lagerort, meistens ist das Gras zu hoch, zu struppig und zu dornig dafür, es ist ein Durchgangsort, für die S-Bahnen nebenan und die Straßen rundum, nur die Flieger obendrüber sind weg, die hier jahrzehntelang nach Tegel geflogen sind oder von dort weg über den Osten in die große weite Welt. Zu diesen Zeiten konnte man hier zwar den Pilot:innen ins Gesicht sehen, aber im Park sitzen nur nachts. Nun rasten hier ein paar Menschen auch bei Sonnenschein, sie wissen wahrscheinlich gar nicht, dass hier unter der Erde auch andere rasten, die 13.200 sowjetischen Soldat:innen in ihrer pompös-stalinistischen Anlage und die 352 Zwangsarbeiter:innen und Kriegsopfer in ihrem kleinen, gut zu übersehenden Waldstück unter Efeu, Laub und Fichtennadeln. Und das, was wir ein Stück weiter eingegraben haben, in den damals wie so oft staubtrockenen, sandigen Boden der Schönholzer Heide. \\

English version on p. 228

SCHÖNHOLZER HEIDE
Hermann-Hesse-Straße,
13156 Berlin

⊙ 52.5730034, 13.3850413

11 # Kleingartenanlage Bornholm

Die Kolonie, die sich ständig wiedervereinigt

von

NORBERT BAYER

Wie eine Kleingartenkolonie die alte Teilung der Stadt überwindet: Sie bietet eine heilende Verschnaufpause

Die Siedlung an der sich schließenden Narbe besteht aus zwei grünen Inseln an der Schwelle zwischen Ost und West. Die Hütten und Datschen ducken sich unterhalb jener Brücke, die für viele Menschen vor Jahrzehnten die Freiheit symbolisierte.

Tatsächlich betritt man noch immer eine fremde Welt, wenn man hinab in das grüne Tal der Kolonie steigt. Man durchquert einen Kosmos gespeist aus Impressionen von Granit, Bouquets und Mosaiken. Dazwischen: Geländergrün, Giebelblau und Bienengelb. Hundebesitzer:innen auf schattigen Wegen, gesäumt von knorrigen Bäumen.

Durch Bahntrassen ist diese putzige Siedlung zweigeteilt. Beide Areale wirken dabei wie ungleiche Geschwister: Der westliche Teil schottet sich ab in den Niederungen unterhalb der Brücke und gibt sich baulich historisch gewachsener und spontaner, auf einem Grundriss mit wilden Wechseln. Das östliche Segment ist rechtwinklig organisiert und stabiler strukturiert. Besonnen streckt dieser Abschnitt seine Fühler aus zu den internationalen Botschaften, die in der Umgebung liegen. Frische Luft atmen beide: durch grün-weiß gestreifte Zauntücher zwischen Apfelbäumen.

Umringt wird das verschmelzende Duo von Neubauten in der sich weiter verdichtenden Stadt – die Luft aber lässt sich diese Kolonie garantiert nicht abschnüren! \

English version on p. 229

KLEINGARTENANLAGE BORNHOLM
Björnsonstraße 5,
10439 Berlin

⊙ 52.5557932, 13.4025854

12 Park am Wasserturm

Der Rein-raus-dankeschön-Park

von

PETER PRASCHL

Ein Park, der verlässlich gut drauf bringt, ehe man wieder ins Leben abzischt

Jeder Park hat seinen eigenen Charakter. Im Pariser Jardin du Luxembourg fühlt man sich von einem Geometer an schnurgeraden Kieswegen entlanggezogen, der Central Park ist eine große Geste wie fast alles in New York, der Englische Garten in München immer noch nicht willens, das Ländliche abzuschütteln. Und der Park am Wasserturm? Das weiß er selbst nicht so genau.

Es gibt darin einen Spielplatz mit einem für Kinder sensationellen und für Eltern ein wenig anstrengenden Wasser-Matsch-Tisch. Es gibt ein wenig abseits ein idyllisches Wasserbecken mit Löwenstatue, eine Liegewiese mit Aussicht auf die Dachterrassen gentrifizierter Wohnungen, ein Basketballfeld und zwei Tischtennisplatten. Es gibt viel Geblüh, Gehölz, im Sommer Bienengesumme und sogar einen kleinen Weinberg.

Und dann wäre da noch das Gebäude, von dem der Park seinen Namen hat: ein 1877 errichteter 30 Meter hoher Wasserturm mit einer funktionslos gewordenen Zisterne und immer noch bewohnten (Miet-)Wohnungen, in denen wegen des kreisförmigen Grundrisses viele Zimmer wie Tortenstücke geschnitten sind. Im Untergrund: riesige Gewölbe, in denen einst Trinkwasser gespeichert wurde, ehe sie einer Lungenheilanstalt, dem Lager eines Fischhändlers und nach der Wende illegalen Raves Quartier boten.

Das alles ist ziemlich viel Programm für bloß 19.500 Quadratmeter – fast so, als hätte ein Riese beschlossen, hier auszuschütteln, was er an Park-Ideen noch so im Rucksack hatte. Das Verrückte ist: Das alles verträgt sich bestens miteinander. Dazu kommt, dass sich der Wasserturmpark nicht wirklich Mühe gibt, sich gegen seine Umgebung abzuschließen. Nicht besonders groß, gönnt er sich dennoch zwei mit Treppen verbundene Ebenen und verzichtet auf eine durchgehende Abzäunung. So existiert er in einer Art Osmose mit der Kiez-Umgebung. Anders als beispielsweise im Volkspark Friedrichshain oder im Monbijoupark hängt man hier nicht ganze Nachmittage ab, um Picknicks oder Grill-Competitions zu veranstalten, sondern holt sich sozusagen Park-Essenzen ab: eine halbe Stunde Spielen nach dem Kindergarten, eine Mittagspause lang das Gesicht in die Sonne halten, auf dem Nachhauseweg schon mal das Baguette anknabbern, solange es noch warm ist, eine Runde Knutschen bei Sonnenuntergang, ehe es in die Bar geht.

So ungefähr ist das hier, ein Rein-raus-dankeschön-Park, der verlässlich gut drauf bringt, ehe man wieder ins Leben abzischt. Das ist hier übrigens SEHR angenehm: Rund um den Park warten jede Menge angenehmer Restaurants, Bars, Coffee Shops und kleine Läden. \

English version on p. 229

PARK AM WASSERTURM
Knaackstraße 23,
10405 Berlin

⊙ 52.5342385, 13.4186119

13 Leise-Park

Chillen mit den Toten

von
PETER PRASCHL

Der Leise-Park befindet sich auf einem ehemaligen Friedhof. Was bedeutet es, wenn man das weiß?

Vor vielen Jahren verschlug es mich in Hongkong, damals noch eine britische Kronkolonie, auf einen Friedhof, wahrscheinlich hatte er in einem Reiseführer gestanden. Es war, als wäre ich auf eine Feier für das Leben geraten. Auf den Gräbern hatten die Angehörigen der Toten Picknickdecken ausgebreitet, Henkelmänner geöffnet, Schüsseln, Stäbchen und Gläser ausgeteilt. Da saßen sie nun, aßen, tranken, rauchten und lachten mit ihren Ahnen, und ehe sie wieder gingen, verbrannten sie Bündel jener Höllenbanknoten, mit denen man in China böse Geister besänftigt. Es war das schönste Totengedenken, das ich mir vorstellen konnte, laut, geschwätzig und fröhlich, ohne jede Bereitschaft, endgültig Abschied zu nehmen. So, dachte ich, würde ich auch gern einmal liegen.

Leider kann man sich im Leise-Park nicht mehr begraben lassen. Doch sonst ist es hier fast wie damals in Hongkong. Der hinter einer langen Mauer versteckte Park hat sich nämlich auf einem ehemaligen Friedhof niedergelassen. Überall sind hier noch Grabsteine. Aber niemand setzt ein Gedenkgesicht auf. Man breitet eine Decke aus, legt sich ins Gras, die Kinder spielen Fangen, es gibt Hängematten, auf denen man auch zu zweit sanft schaukeln kann. Das Gras wird nicht wie mit Nagelscheren gestutzt, sondern darf wuchern, Unkraut und Rosenstöcke, die manchmal regelrecht explodieren, sind gleichermaßen willkommen, die Vögel tschilpen, Eichhörnchen rennen so schnell hintereinander her Baumstämme hoch, dass man sich fragt, wie sie es schaffen, nicht miteinander zu kollidieren. Es soll auch Füchse geben, aber ich habe nie einen gesehen.

Seine Existenz verdankt dieser Park der Bevölkerungsentwicklung, dem Zeitgeist und nachbarschaftlichem Engagement. Bald nach der Jahrtausendwende stellte die Stadt fest, dass sie sehr viel mehr Friedhofsflächen hatte, als sie je wieder benötigen würde. Die Menschen werden immer älter, und 80 Prozent von ihnen wollten sich in Urnen beisetzen lassen, die nur drei Prozent der Fläche benötigen, die man für eine Erdbestattung im Sarg braucht. Die Evangelische Kirche, die hier einen Friedhof betrieb, auf dem seit den 70ern niemand mehr bestattet worden war, wollte die Fläche an einen Immobilienentwickler veräußern (...)

– dagegen protestierte eine Bürgerinitiative, die völlig zu Recht befand, dass es im Winskiez schon zu viel Gentrifizierung, aber zu wenige Grünflächen (nämlich gar keine) gab. Die Kirche hatte ein Einsehen und verkaufte an die Stadt, die sich unter reger Beteiligung der Anwohner:innen von einem Landschaftsplanungsbüro ein Konzept entwickeln ließ, für das von Anfang an feststand, dass die Erinnerung an die hier begrabenen Toten lebendig bleiben sollte.

2012 wurde der Leise-Park schließlich eröffnet. Es ist ein sehr romantischer Ort. Es gibt praktisch keine Infrastruktur hier, nur Büsche, Bäume, wucherndes Gras, Wildnis, in der locker verteilt etwa 40 Grabsteine, Steinplatten und andere Friedhofsrelikte erhalten blieben, darunter eine Reihe von Kindergräbern („Innig geliebt, schmerzlich vermisst"), vor denen ich jedes Mal schlucken muss, Spielgeräte, einen Balancierparcours, eine crowdfinanzierte Streuobstwiese und zwischen den Bäumen eine Art Hochstand, der auch der Mastkorb eines Schiffes auf Landgang sein könnte oder ein Aussichtsturm mit einer Plattform, von der aus man vor allem Baumkronen zu sehen bekommt. Hier werden Kindergeburtstage gefeiert, die so idyllisch aussehen wie in Bullerbü-Bilderbüchern, Liebespaarnachmittage verknutscht, Vogelküken großgezogen, dicke Romane geschmökert – aber weder gegrillt noch Hunde losgelassen (beides ist verboten). Abends um acht wird abgesperrt. Wenn man morgens kommt, ist der Park oft noch ganz menschenleer und dennoch nicht so leise, wie es sein Name behauptet: Hier kann man endlich wieder den Blättern beim Rascheln und den Vögeln beim Singen zuhören. Es ist ein Park, wie das Leben sein sollte – ein wenig durcheinander, ohne angeberhaftes Imponiergehabe und deswegen umso imponierender, immer noch ein bisschen wild, den Toten gegenüber respektvoll, aber ins Dasein verknallt. Magisch. \

English version on p. 230

LEISE-PARK
Heinrich-Roller-Straße 24,
10405 Berlin

⊙ 52.5311988, 13.4214044

14 Volkspark Friedrichshain

Der Park sind wir

von

LUKAS LESSING

Es gibt größere, vollere, härtere Parks. Aber keinen, in dem die einen die anderen so leicht anders sein lassen

Witzigerweise ist der Volkspark Friedrichshain der älteste öffentliche Park der Stadt, aber das las ich erst in seinem Wiki, denn wissen tat ich es auch nach 100 Besuchen (Runden mit dem Hund!) noch nicht. Witzig, denn es sieht absolut nicht alt aus dort, ganz im Gegenteil. Durchschnittsalter der Besucher:innen 20, so viele junge Bäume, die Spielplätze in zeitgenössischem Buntes-Holz-Sand-Rindenmulch-Design, die Denkmäler aus DDR-Zeiten, also auch nicht alt, nur verschroben, verrenkte Spanienkämpfer, muskulöse polnische Soldaten, fescher roter Matrose mit umgehängtem Karabiner, neben dem sind die Märzgefallenen von 1848 beerdigt, die Opfer der einzigen, leider fehlgeschlagenen Revolution auf deutschem Boden ever, in Berlin keine große Sache, nur eine Schrifttafel und die Matrosenskulptur eben, Revolution gilt nicht viel hierzulande. Die beiden Trümmerberge aus dem letzten Krieg sind schon gut zugewachsen, sehen aus wie Landschaft, nur hie und da ragt ein fettes Teil von einem gesprengten Bunker aus dem verwachsenen Schutt. Eine Büste Friedrich des Großen steht auch da, als Osten war, musste sie weg, im Zuge der umfassenden deutschen Restauration wurde das Denkmal im Jahr 2000 wieder aufgebaut, ja sogar: neu produziert. Im historischen Verlauf gibt der Volkspark einiges her.

Und erst in seiner heutigen Verfasstheit: Die Kinder, meistens auf den Sandplätzen. Die Jogger:innen, verbissen auf der großen oder kleinen Laufrunde, Asphalt oder Sand. Der speckige, beschmierte, sozialattraktive Boulderfelsen. Das Gay Cruising am Abhang des *Großen Bunkerbergs* zum *Spanienkämpferdenkmal* hin. Das 30-Euro-Schnitzel im Hipster-Restaurant *Schoenbrunn*, das Prolo-Grillen auf dem *Kleinen Bunkerberg*, das „Ficken verboten"-Schreien in der Hundezone (an die Rüden gerichtet), das Fußball- und Beachvolleyballspielen auf den einschlägigen Plätzen, das Kinder-Ruhigstellen am Schoenbrunner Eisstand, das Familienlagern auf der Märchenbrunnenwiese, das Schlittenfahren auf den traurigen Schneeresten neben dem *Polnische-Soldaten-und-deutsche-Antifaschisten-Denkmal* (vielleicht das einzige mit überlebensgroßer polnischer Beschriftung in der ganzen Stadt?!), das Bücherlesen zwischen Weltfriedensglocke, Großem Teich und künstlichem Bachlauf, das Kinderkühlen an der Plantsche. Dazwischen Hunde und Fahrräder und Skater:innen und all das, aber noch viel enger gemischt als anderswo, wofür es eigentlich ziemlich wenig kracht. Wie gesagt, jede:r hat einen eigenen Park und merkt die anderen kaum. Wäre ein schönes Sinnbild für das große Ganze, hier schön klein zu besichtigen. \

English version on p. 231

VOLKSPARK FRIEDRICHSHAIN
Am Friedrichshain 1,
10407 Berlin

⊙ 52.5293501, 13.4358227

15 Gärten der Welt

Alles, nur kein Allerweltsgarten

von
STEFAN JACOBS

Ein umzäuntes Paradies in eindrucksvoller, aber nicht ganz einfacher Umgebung – am besten auf dem Luftweg zu entdecken

Von den zahlreichen Geschenken, die die Hauptstadt der DDR zum 750-Jährigen erhielt, war die jahrelang vorbereitete *Gartenschau* im damals neuen Ost-Berliner Stadtbezirk Marzahn eines der größeren. Die Plattenbauten bilden eine auf spezielle Art beeindruckende Kulisse für den 1987 eröffneten Park, der in seiner heutigen Vielfalt einmalig sein dürfte in Deutschland. Angefangen hatte es damit, dass die Arbeiter:innen und Bäuer:innen ein angemessenes Pendant zum zwei Jahre zuvor in West-Berlin eröffneten Britzer Garten bekommen sollten, der dank stabilem Westfernsehempfang dem Osten der geteilten Stadt nicht verborgen geblieben war – als Sehnsuchtsort jenseits der Mauer.

Was mit illuminierten Wasserspielen, Themengärten und Streichelzoo begann, wurde nach der Wende als Erholungspark Marzahn mit Wiesen und Spielplätzen erweitert. Aber den größten Karriereschub brachte das zur Jahrtausendwende begonnene Projekt Gärten der Welt. Es begann mit dem von Chinesen entworfenen und angelegten Garten des wiedergewonnenen Mondes mit Teehaus am See und einem Pfad durch Bambusdickicht, dessen Eröffnung im Herbst 2000 Exotik und ein paar Schwünge in die eher rechtwinklige Umgebung brachte. Der Aha-Effekt funktioniert auch heute noch, wenn man mit einem Tee und einer asiatischen Kleinigkeit nach Tagesangebot einen Platz am See ergattert.

Die anderen Themengärten, die seitdem hinzukamen, sind überwiegend deutlich kleiner und bei schönem Wetter manchmal eher zum Ablaufen im Gänsemarsch als zum Verweilen geeignet – vor allem der japanische mit seinem einzigen gebirgigen Pfad. Der balinesische ist eine Tropenhalle, der Renaissancegarten ein Toskana-Palazzo-Panorama, der englische ein Rosengarten mit Teehaus, und der orientalische wirkt, als hätte jemand ein paar Lkw-Ladungen Alhambra herbeigeschafft und zu einem verblüffend reizvollen Miniaturnachbau mit Gipsdekor aus „Tausendundeiner Nacht" zusammengefügt – einfach märchenhaft.

Der Vollständigkeit halber seien auch der christliche und der jüdische Garten erwähnt, die dem gemeinen Gartenfreund etwas speziell scheinen mögen. Für Familien mit Kindern (...)

Nicht nur entdecken, sondern auch erreichen lässt sich der Park über die Seilbahn, die von der U-Bahnstation Kienberg losfährt

ist wiederum der Irrgarten relevant, in dem man sich durchaus länger verlieren kann. Jede Menge Spielplätze und Eisbuden gibt es natürlich auch in diesem aufwendigen Arrangement. Und seit der vom Tempelhofer Feld hierher verlegten *Internationalen Gartenschau* 2017 schwebt über allem als Highlight die Seilbahn, die den Marzahner Haupteingang mit dem U-Bahnhof auf der Hellersdorfer Seite verbindet – inklusive Zwischenstopp auf dem *Kienberg*, einem von sechs Berliner Einhundertern. Bei klarem Wetter muss man dort ausgestiegen sein und den „Wolkenhain" erklommen haben, von dem aus man nach einer Seite fast ganz Berlin überblickt und nach der anderen bis weit hinein nach Brandenburg schaut. Den Vordergrund bilden nach Süden hin die Einfamilienhäuser von Europas angeblich größtem derartigen Siedlungsgebiet. In den anderen drei Richtungen dominieren die Plattenbauten der letzten DDR-Jahre das Bild – fast alle saniert, aber sozial schwierig geworden in den Nachwendejahren. Manche alteingesessene West-Berliner:innen haben bis heute keinen Fuß in den Bezirk gesetzt, während viele, die gleich nebenan wohnen, mit den – fürs Gebotene durchaus plausiblen – Eintrittspreisen ein Problem haben. Die Gärten der Welt sind eben kein Allerweltsgarten. \

English version on p. 232

GÄRTEN DER WELT
Blumberger Damm 44,
12685 Berlin

⊙ 52.5365371, 13.5693521

SÜDEN

16 Botanischer Garten

Spriessbürger

von
DAVID BAUM

Im Botanischen Garten von Dahlem herrschen Bildung, Streben – und eine unzureichend beachtete Multikultur \ Eine Ansprache

Sehr geehrte Trichterepiphyten, hochverehrte afrikanische Sukkulenten, werter Urweltmammutbaum, teures Alpenröslein, geschätzter Mäusedorn! Schön, dass Sie sich alle entschieden haben, hier in Dahlems Botanischen Garten zu sprießen und zum Gedeihen dieser Stadt beizutragen. Berlin ist weithin als multikulturelle Metropole bekannt, doch selten schaut die Welt auf dieses schöne Fleckchen, wo jegliche Koexistenz so friedlich ausfällt.

Um mit unserem alten Freund der Gartenkultur, Herrn Geheimrat Goethe, zu sprechen: Überall regen sich Bildung und Streben.

Wer mit der U-Bahn anreist, wird bereits in einer von Reet bedachten Station empfangen, bloß manche neu ankommenden Student:innen der benachbarten *Freien Universität* fühlen sich der Illusion beraubt, ihren Studien in einer Weltmetropole nachzugehen. Das Schild am Bahnhof scheint diesbezüglich unmissverständlich: Dahlem Dorf.

Dabei ist hier die ganze Welt daheim, und es regiert zweifellos die Buntheit. An die 20.000 Arten aus aller Welt wachsen auf 43 Hektar in friedlicher Koexistenz. Ob im großen Garten oder in den wohltemperierten Häusern, die wie schlafende Nashörner aus der Vegetation ragen.

Vor mehr als 120 Jahren wurde dieses herrliche Fleckchen als Garten der Welt geplant. Und auch heute ist für alle was dabei: Wirtschaftsvertreter:innen dürfen sich an stets blendenden Wachstumsaussichten erfreuen, Early Adopter chillen in Gesellschaft unserer Frühblüher, Party People versumpfen neben Orchideen und Nachtaktiven. Konservative rasten unter Bismarckpalmen und genießen Zucht und Ordnung, Gastronomen aus Mitte dürfen feststellen, wie ungeniert es sich hier wuchern lässt. Jede Landpomeranze ist willkommen und findet Ihresgleichen, Veganer treffen mit Taublatt und Sonnentau auf zwar unbelehrbare Fleischfresser, die jedoch niemals widersprechen.

Aus welchen Weltgegenden die Vertreter:innen der globalen Natur auch stammen mögen, sie haben sich über die Jahrzehnte manche Berliner Eigenart angewöhnt. Etwa, ein Projekt zu verfolgen, eine revolutionäre Mission, um unsere Welt wachzurütteln: Gemeinsam erinnern sie uns an die Bedrohtheit des globalen Artenreichtums. Und an die Möglichkeit, dass das 100 Jahre alte *Victoriahaus* mit seinen über 30 Grad für tropische Gewächse eines Tages seine Bestimmung verlieren könnte. In diesem Sinne: Mögen die Samen ihres Daseins noch lange auf fruchtbare Böden fallen! \

English version on p. 233

BOTANISCHER GARTEN
König-Luise-Straße 6–8,
14195 Berlin

⊙ 52.4585322, 13.3046593

17 Grunewald

جدّي الذي صار غاب
Mein Großvater, der ein Wald wurde

von

DIMA ALBITAR KALAJI

أترك محطة القطار وأصوات السيارات وضجيج الناس ورائي، مع كل خطوة أخطوها باتجاه الغابة، تتلاشى الأصوات إلى أن تختفي، وأسمع فقط صوت خطواتي على الطرق الترابية.

فأهدأ.

لا أمتلك أنا وبرلين نفس التواتر، مما يجعلني في قلق دائم، وحتى إن استطعنا أن نتزامن أحيانا، فكلتانا، أنا والمدينة، نعرف أنه تزامن مؤقت، وسنعود بعده سريعا إلى مواجهاتنا المستمرّة.

في غرونفالد تغمرني هشاشة ولطف لا أعرفهما في حياتي اليومية، تجبرانني على التوقف مرار، التنفس عميقا، واللحاق بدروب المشي بخطوات أكثر هدوءا وسكينة، أنظر كل قليل إلى أعلى لأتتبع الضوء على الأشكال المختلفة لأوراق الأشجار المتنوعة بطبقاتها المختلفة، فتلقي بظلالها على بعضها البعض، إلى أن يصل إلي أنا أخيرا.

زرتها للمرة الأولى قبل حوالي عشر سنوات، أقل قليلا ربما. عندما كان كل مكان في برلين اكتشافا جديدا، يومها تحولت نزهة على الأقدام مع أحد أصدقاء البدايات إلى حديث طويل جدا عن الموت والقبول والحياة، وتغير معاني كل ذلك مع المنفى. كنت أحكي له عن جدّي الذي فقدته بمرض السرطان منذ سنوات. كان جدي يمثّل النموذج الايجابي لفكرة الرجل في حياتي وفي المجتمع الذي كنت أعيش فيه، وجزء مني كان يرفض قبول موته فعلا، وكنت أتحايل على ذلك الجزء عندما كنت أعيش في دمشق بقضاء ساعات طويلة جدا في مكتبته، ومع فقدان ذلك، كان علي أن أتعامل مع فكرة موته وفقدانه من جديد، إضافة لخسارة المكتبة واللغة. كنا نعبر طريقا ضيقا جدا إذ كنت أقول ذلك، أذكر أنني تعثرت بأحد جذور الأشجار الكبيرة وكدت أن أفقد توازني فاستندت على دعامة سوري خشبي وطيء. وبمجرد أن استعدت توازني، فتح الصديق ذراعه وكأنه يفتح لي طريقا لأعبر وقال الآن ستودعين جدك.

كان هناك كرسي يطل على ساقية صغيرة، محاطة بأشجار ونباتات كثيرة، ولم أعد أذكر إن جلست على ذلك الكرسي، أم استندت إلى السور الخشبي، لكن في تلك اللحظة غمرني ضوء كان ينعكس عن صفحة الماء الساكن بسكون ولطف. ومنذ ذلك الحين صار جدي غابة.

ورغم أنني لم أدرك ذلك لحظتها، إلا أن ذلك كان أول رابط استطعت مده مع برلين لا يتعلق بتاريخ الحرب فيها.

إذ أنني لوقت طويل جدا، لم أكن أستطيع التواصل مع المدينة إلا من خلال تاريخ الحرب، وكتبت نصا طويلا عن ذلك قبل أن أعرف أن ذلك يدعى رابط الصدمة، لذا وبشكل تلقائي في البداية كنت أختصر الغابة إلى موقع التويفل بيرغ، المبنى، القصة، الفن، الغرافيتي، ورغبتي الدائمة بزيارته دون أن أفعل ذلك أبدا، في كلّ مرة كان سبب ما يفشل الزيارة، وبعد أن صار جدي الغابة، زرت الغابة مرات كثيرة، وضعت فيها مرات كثيرة، ووجدت نفسي مرات كثيرة، لكنني لم أزر الموقع أبدا.

فقط في هذا الصيف فعلت، بعد أن تغيرت علاقتي بالمدينة كثيرا، ولم تعد ذواكر الحروب تخلق نوعا غريبا من الألفة وإنما عادت لتؤجج الغضب تجاهها. ذهبت أخيرا، في يوم صيفي حار جدا، وأمضيت النهار أتنقّل بين الأبنية، وأصعد الأدراج، وأفكر طويلا بتطويع الدول لفنون الشوارع، لجمها وراء الأسوار وتجريمها خارجها، وأتساءل كيف بدت اللوحات الأولى، ما زال الناس يحاولون ترك ألوانهم على المساحات الصغيرة من الجدران حيث يستطيعون.

وقفت طويلا على السطح، بين ناس كثيرين، كنت وحدي لكنني لم أكن وحيدة. أنظر إلى برلين ببطء وكأنني أنتظر منه بعناد جوابا ما

Deutsche Übersetzung (...)

Der Grunewald befreite mich von Krieg und Geschichte

Ich lasse den Bahnhof, den Lärm von Autos und Menschen hinter mir, und mit jedem Schritt, den ich in Richtung Wald gehe, wird es leiser um mich, bis ich nur noch meine Schritte auf der Erde höre.

Berlin und ich haben nicht den gleichen Rhythmus, was mich in ständiger Unruhe hält, auch wenn wir es zuweilen schaffen, uns zu synchronisieren. Aber wir beide, die Stadt und ich, wissen, dass dieser Zustand nie lange anhält und dass wir uns schon bald wieder gegenläufig bewegen werden.

Im Grunewald überkommen mich immer eine Zartheit und eine Freundlichkeit, die ich aus meinem Alltag nicht kenne und die mich dazu bringen, immer wieder innezuhalten, tief einzuatmen und es beim Laufen auf den Waldwegen etwas langsamer angehen zu lassen. Alle paar Momente blicke ich nach oben, um dem Licht zuzusehen, wie es in immer neuen Formen durch das Laub der Bäume scheint und die Blätter zu Schattenwürfen animiert, bis es schließlich unten bei mir ankommt.

Vor bald zehn Jahren war ich zum ersten Mal hier, in einer Zeit, als noch jeder Ort in Berlin eine Entdeckung war. Ein Spaziergang, den ich mit einem Freund aus meinen ersten Tagen in Deutschland unternahm, verwandelte sich in ein langes Gespräch über Tod, Akzeptanz, das Leben und darüber, wie all das im Exil eine neue Bedeutung bekommt. Ich erzählte von meinem Großvater, den ich einige Jahre zuvor an Krebs verloren hatte. Er war in meinem Leben und in der Gesellschaft, in der ich lebte, mein männliches Vorbild gewesen. Ein Teil von mir konnte seinen Tod nicht wirklich annehmen, und diesem Teil von mir machte ich, als ich noch in Damaskus lebte, zuweilen etwas vor, indem ich Stunden in seiner Bibliothek verbrachte. Erst nachdem ich geflohen war, musste ich mich damit auseinandersetzen, dass ich ihn verloren hatte, zusätzlich zu seinen Büchern und meiner gewohnten Sprachumgebung.

Wir liefen, als ich davon erzählte, auf einem schmalen Pfad, ich stolperte über die Wurzel eines großen Baums und hätte beinahe das Gleichgewicht verloren. Ich stützte mich schließlich am Pflock eines Holzzauns ab. Als ich mich wieder erhob und meine Balance wiederfand, hob mein Begleiter einen Arm, als würde er mir einen Weg weisen, und sagte: „Jetzt kannst du Abschied von deinem Großvater nehmen." Eine Bank stand an einem kleinen Wasserlauf, umgeben von Bäumen und Gebüsch, und ich weiß nicht mehr, ob ich (...)

mich daraufgesetzt oder mich nur an dem Zaun festgehalten habe. Jedenfalls spiegelte sich in jenem Moment ruhig und friedlich die Sonne auf dem Wasser, und seitdem ist mein Großvater für mich ein Wald.

Ich nahm es damals noch nicht wahr, aber im Grunewald war es das erste Mal, dass ich einen Zugang zu Berlin bekam, der nicht mit Krieg und Geschichte zu tun hatte. Lange hatten mich mit der Stadt nur der Zweite Weltkrieg und seine Folgen verbunden, und einmal habe ich einen langen Text dazu geschrieben. Dann erfuhr ich, dass man so eine Beziehung traumatisch nennt. Wald habe ich anfangs spontan immer nur mit dem Teufelsberg, den Gebäuden, ihrer Geschichte und den Graffitis darauf in Verbindung gebracht und hatte immer den Wunsch gehabt, einmal dorthin zu fahren, was ich aber nie tat. Immer kam irgendetwas dazwischen. Als mein Großvater ein Wald geworden war, ging ich oft in den Grunewald, verirrte mich darin und fand zu mir selbst, aber den Teufelsberg besuchte ich nie.

Erst im vergangenen Sommer fuhr ich endlich einmal hin, nachdem ich eine andere Beziehung zu Berlin entwickelt hatte. Erst jetzt schafft mir die Erinnerung an den Krieg kein Vertrautheitsgefühl mehr, sondern weckt nur noch Wut in mir. Einen heißen Tag verbrachte ich einmal damit, zwischen den Gebäuden auf dem Teufelsberg herumzulaufen und die Treppen darin hochzusteigen, und ich dachte lange darüber nach, wie der Staat sich Street Art zu eigen macht, sie hinter Mauern verbannt und sie außerhalb davon kriminalisiert. Und ich fragte mich, welches Bild hier wohl das erste war, denn bis heute versuchen Leute immer noch, Farbe auf die letzten verbliebenen Freiflächen an den Wänden der Abhöranlage zu sprühen.

Ich stand lange mit anderen Menschen auf dem Gebäude. Ich war allein, aber nicht einsam. Ich blickte sanft auf Berlin, so als wartete ich auf eine Antwort von der Stadt bezüglich unserer noch kommenden Auseinandersetzungen. Mein Großvater, der ein Wald geworden war, umgab mich dabei und schenkte mir am Horizont einen Sonnenuntergang, der so prächtig war wie seine Seele. \

English version on p. 233

GRUNEWALD
Falterweg 1, 14055 Berlin

⊙ 52.4908464, 13.2606127

18 Lietzensee-park

Liebe auf den zweiten Blick

von
HATICE AKYÜN

Wir Charlottenburger:innen sind gesegnet mit Parks. Aber unsere bedingungslose Liebe gehört dem Lietzenseepark. Warum?

Ein sich hartnäckig haltendes Klischee ist, dass alle Berliner Türk:innen in Kreuzberg wohnen. Das stimmt natürlich nicht, und in meinem Fall muss ich sogar gestehen, dass ich noch nie dort wohnen wollte. Ich bin stolze Mitbürgerin des westlichsten aller westlichen Stadteile von Berlin: Charlottenburg. Woran es hier nicht mangelt, sind Barbour-Jacken und Parks. Wenn ich zum Beispiel aus meiner Haustür heraustrete und linksherum laufe, lande ich schon nach kurzer Zeit im Tiergarten. Wenn ich rechts abbiege, stehe ich schon fast im Schlossgarten Charlottenburg. Laufe ich aber schräg geradeaus, präsentiert sich mitten neben dem achtspurigen Kaiserdamm der Lietzenseepark.

Das Besondere ist, dass der Park den Großstadtlärm einfach so wegabsorbiert. Und hier fängt auch schon meine Liebeserklärung an. Die Historie erspare ich Ihnen, die lässt sich kompakt im Internet nachlesen. Mein Anliegen ist es, Sie für den Lietzenseepark so sehr zu begeistern, dass Sie bei Ihrem nächsten Berlinbesuch Tiergarten und Schlossgarten einfach links liegen lassen und startend vom Savignyplatz schräg geradeaus laufen.

Vielleicht liegt meine Liebe zum Lietzenseepark am bemerkenswerten Unterschied, dass hier die Nutzung der Natur eine Mischung ist aus deutscher Landschaftsarchitektur und türkischem Laissez-faire. Die Flächen sind nach allen Regeln der Gartenkunst gestaltet. Das alles hat große Tradition, und wie es sich gehört, betrachtet der Deutsche die bunte Pflanzenvielfalt von den frisch geharkten Wegen, auf denen er flaniert, meist sonntags, mit der Gattin. Hier treffen sich Hundefreund:innen, die natürlich sorgsam darauf achten, dass ihr Ein-und-Alles nichts verunreinigt.

Die andere Seite des Parks beglückt nicht das Auge, sondern die Seele. Kleine verborgene Schönheiten wie der Blumengarten, die wild wuchernden Sträucher und die versteckten Rasenflächen. Und da es sich auf Gras weitaus besser sitzen lässt als auf Steinplatten in den Berliner Innenhöfen, und weil die Bäume hier auch weit genug auseinander stehen, bietet der Park den perfekten Ort, um Eltern, Kinder, Nichten, Neffen, Tanten, Onkel, Großmütter und Großväter zu versammeln. Man bleibt nicht lange unter sich, es gesellen sich andere dazu. Plötzlich hört man viele unterschiedliche Sprachen, Paare liegen auf Decken und kuscheln sich aneinander, Jogger:innen drehen ihre Runde, und vor dem Parkwächterhaus spielt jemand auf der Gitarre.

Der Lietzenseepark ist wie die Liebe auf den zweiten Blick: Man muss schon unter die Oberfläche tauchen, um die Liebenswertigkeiten zu entdecken. Dieser Park ist wie wir Charlottenburger:innen selbst: eine wunderbare Mischung aus Lässigkeit und gut bürgerlich. \

English version on p. 234

LIETZENSEEPARK
Wundtstraße 40, 14057 Berlin

⊙ 52.5093472, 13.2894213

Speerträger von
Bernhard Bleeker, 1940.
Seine Augen haben
Vieles nicht gesehen

19 (Heinrich von) Kleistpark

Die Seele baumeln lassen

von
OLAOLU FAJEMBOLA

Ein Park inmitten von allem. So wie man selbst eigentlich auch

Beim Betreten des Kleistparks fällt der Blick auf die beiden Bronzeplastiken, die den Vorplatz um das Kammergericht prägen: zwei feingliedrig modulierte, nackte (zum Vergnügen meines Kindes) Rossebändiger und ihre in Wallung geratenen Ungetüme, die wie festgefroren auf einem Sockel stehen. Kammergericht, Königskolonnaden, Rossebändiger – das sind die historischen, baulichen Koordinaten, die den Kleistpark prägen. Auf manchen Fotos wirkt der Kleistpark wie „der Park des Kammergerichts", was ihm für manche auch eine strenge, gewichtige, vielleicht sogar förmliche Ausstrahlung verleihen vermag. Mein Blick fällt auf die Gedenktafel gleich am Eingang des Parks. „In diesem Gebäude tagte der berüchtigte Volksgerichtshof, der hier unter anderem die Urteile gegen die Widerstandskämpfer des 20. Juli 1944 fällte", heißt es da, und ich schaue hinauf auf die mächtige Fassade des Gerichts.

Ein historischer Ort, ohne Zweifel. Und doch auch – unser Kiezpark. Die erste Begegnung mit dem Kleistpark hatte ich an einem frostigen Wintertag, als ich mit meinem Kind hierhergezogen war. Die Schneedecke ließ ihn ganz unschuldig erscheinen; den Winter, der an diesem Tag ganz Berlin im Griff hatte, interessiert die Geschichte dieses Ortes nicht. Mein Kind freute sich, erste Spuren auf der Schneedecke zu hinterlassen, und auch ich ließ mich verzaubern. Ich wusste von Anbeginn, an diesen Park inmitten von Schöneberg würde ich mich gut gewöhnen können.

Der Park befindet sich in einem soziokulturellen, in seiner atemberaubenden Vielfalt nahezu utopisch anmutenden Zwischenraum Schönebergs. Nördlich wird er von dem berühmt-berüchtigten Pallasseum begrenzt, einem Wohnblock im unrühmlichen Stil des Brutalismus. Aufmerksamkeit erfährt er immer an Silvester – aufgrund des eskalierenden Umgangs von Jugendlichen und jungen Erwachsenen mit Feuerwerkskörpern – und wird damit gern zu den „Unorten" Berlins gezählt. Östlich wird der Kleistpark von der geschäftigten Potsdamer Straße beschnitten, südlich und westlich (...)

liegen die von prächtigen Gründerzeitarchitektur geprägten bürgerlichen Gegenden der Grunewald- und der Elßholzstraße. Und inmitten der Kleistpark, eine Oase, ein von Großstadthektik losgelöster Raum.

Seit der ersten Begegnung sind einige Jahre vergangen. Aus dem Kind ist ein selbstbewusstes Preteen geworden. Jeden Autonomieschritt erringt es entlang dieses Parks: „Darf ich allein zum Park?" Und etwas später: „Kann ich allein dort mit meinen Freund:innen abhängen?"

Dieser Park ist Gartenersatz und Rückzugsort für Menschen dieses Kiezes. Und zwar weil er in seiner Unaufgeregtheit nichts Besonderes bietet: kein Eis für kleine und große Leckermäuler, keine Snacks, keine Limonade, kein Bier. Hier gibt es keine Ablenkung davon, sich auf dem Spiel- und Skaterplatz auszuprobieren und auszutoben. Der Park lädt zum Verweilen ein, die Uhr dreht sich merklich langsamer. Leseratten und Tratschende, Hunde und ihre Besitzer:innen finden im Grünen und an verschiedenen lauschigen Ecken jede Menge Rückzugsraum für das erste und tausendste Date, für den Kaffeeklatsch oder das Picknick. Ein Park, um die Seele baumeln zu lassen oder beim Betrachten der zahlreichen, kreuz und quer hopsenden Hasen und Eichhörnchen den eigenen Gedanken die Ziellosigkeit auch mal nachzusehen. Ein Ort für Groß und Klein und für all die soziokulturellen Milieus, die den Park aus allen Himmelsrichtungen betreten, umarmen und ihn sich zu eigen machen. \

English version on p. 235

KLEISTPARK
Potsdamer Straße, 10781 Berlin

⊙ 52.4923318, 13.3608679

20 Park am Gleisdreieck

Als Zukunft noch neu war

von
OLGA HOHMANN

20 \ PARK AM GLEISDREIECK

Ein futuristisches Erholungsgebiet auf den Gleisen des ehemaligen Güterbahnhofes. Ich frage mich nur: Bin ich zu wenig utopisch?

Der Park am Gleisdreieck ist einer der jüngsten Parks Berlins. Und dabei sicher einer der größten. Er verbindet die Stadtteile Kreuzberg und Schöneberg miteinander und ist so fahrradfreundlich, dass er nicht selten auch als autofreie Verkehrszone genutzt wird. Nicht zuletzt der Skatepark, der ungefähr in der Mitte des Parks liegt, hat ein paar der beliebtesten Rampen unter jungen und weniger jungen Skater:innen der Stadt. Er liegt direkt am ehemaligen Führerhäuschen des Güterbahnhofs. Das Häuschen ist heute ein Café, in dem die Eltern ihre Kinder zum Beispiel bei ihren halsbrecherischen Unterfangen aller Art beobachten. Mit Knie- und Ellbogenschützern sind die meisten der kleinen Athlet:innen geschützt, dennoch wird das eine oder andere Elternteil etwas bleich, während es, an einer Rhabarberschorle oder einem Cappuccino nippend, den Kunststücken zusieht.

Der Park am Gleisdreieck ist ein geglücktes, stadtplanerisches Projekt. Und an seinem Beispiel fällt einem erst auf, wie wenige der ambitionierten urbanistischen Vorhaben sich so gut in das Leben und den Alltag in der Großstadt eingliedern. Er wird vielfach genutzt, von Menschen ganz unterschiedlicher Generationen. Er liegt, wie der Name schon sagt, auf den ausrangierten Schienen des ehemaligen Güterbahnhofs. Und steht damit in der Tradition der innerstädtischen Umnutzungen, wie man sie zum Beispiel von der New Yorker High Line kennt.

Hätte man sich vor einem halben Jahrhundert einen Park der Zukunft vorgestellt, wäre es vielleicht genau jener gewesen. So wirken die knallgrünen Wiesen manchmal fast wie aus einem animierten Architekturmodell entsprungen, und die Aktivitäten, denen die Besucher:innen des Parks nachgehen, sind ein Abbild der Lebendigkeit und Gesundheit. Viel Sport wird getrieben im Park am Gleisdreieck: Inlineskater:innen rauschen alle paar Sekunden an einem vorbei. Selten ist er überfüllt, selten sucht man nach einem Platz für die Picknickdecke. Der Park ist nahezu gespenstisch funktional konzipiert. Eine nachhaltige Erholungsanlage, wie sie im Bilderbuch steht. Auf der einen (…)

Seite die Yorckbrücken, auf der anderen der am *Museum für Verkehr und Technik* angebrachte *Rosinenbomber* aus Nachkriegstagen, der über Tempelhofs Ufer des Landwehrkanals schwebt und vorbeifahrende Kinder damals wie heute begeistert – das Leben außerhalb des Parks scheint auf allen Seiten etwas weniger idyllisch als das in ihm.

Schon in den 1970er-Jahren entstand die Idee, die Brache (von denen es damals in Berlin noch viele gab) in einen Park zu verwandeln. Er wurde unter Beteiligung der Bürger:innen geplant. So entstanden zum Beispiel die diversen Kinderspielplätze und ein sogenannter *Naturerfahrungsraum*.

Und sogar das lokale Bier *BRLO* wird im Park gebraut – und auch direkt kühl serviert. Menschen spazieren Eis essend über die wundersamerweise immer sauber gehaltenen Liegewiesen und sonnen sich. Da das Grillen verboten ist, entstehen wenig Gerüche, die einen in der idyllischen Kontemplation bedrängen.

Einzig die Transparenz selbst ist es vielleicht, die einem ab und an das Gefühl des Unwohlseins gibt. Der Ort scheint einfach zu utopisch, um wahr zu sein. Rückzugsorte gibt es wenige, man fühlt sich ein wenig exponiert. Wie an einem weißen Sandstrand fragt man sich ab und an, ob man selbst, inmitten dieser erschreckend makellosen Utopie, ein wenig zu „menschlich“ ist. Und manchmal kommen einem die durchtrainierten Inlineskater:innen, die an einem vorbeisausen, dann ein bisschen so vor wie Avatare aus einer retrofuturistischen Animation. \

English version on p. 236

PARK AM GLEISDREIECK
Möckernstraße 26, 10963 Berlin

⊙ 52.4991909, 13.3725617

187
KILLER PADS

21 Viktoriapark

Am Kreuzberg

von
OLGA HOHMANN

Nicht erschrecken:
nur eine Skulptur.
„Der seltene Fang“ von
Ernst Gustav Herter, 1896

Den Berg, der dem bekanntesten Berliner Bezirk seinen Namen gibt, gibt es wirklich

Viele Menschen wissen nicht, dass es ihn gibt – obwohl er einem ganzen Stadtteil seinen Namen gibt: der Kreuzberg, der mitten im Viktoriapark liegt. Der Kreuzberg ist, so wenig prominent er im Stadtbild zu sein scheint, die höchste Erhebung der Berliner Innenstadt. Er erstreckt sich über Kreuzberg 61, was im Vergleich zu Kreuzberg 36 als der „bürgerlichere" Teil des Bezirks gilt. Die Spitznamen „61" und „36" beziehen sich auf die historischen Postleitzahlen.

Am höchsten Punkt des Kreuzbergs steht das 1821 eingeweihte *Nationaldenkmal für die Siege in den Befreiungskriegen*, die gegen Napoleon Bonaparte geführt wurden. Erst rund 70 Jahre später wurde der sogenannte *Runde Weinberg*, auf dessen Spitze sich das spitze Monument bis heute befindet, landschaftsarchitektonisch gestaltet. Der Entwurf des Denkmals stammte von dem berühmten Architekten und Künstler Karl Friedrich Schinkel, der sich in Berlin und Potsdam vielfach verewigt hat. Einige Spezifika seines Schaffens, zum Beispiel die sogenannten *Schinkelsterne*, sind bis heute einflussreich und höchst wiedererkennbar geblieben. Das Monument vollzieht die Form der Kuppel einer achteckigen, gotischen Kathedrale nach. Auf seinem Dach befindet sich, wie der Name schon sagt, ein Kreuz.

Der 66 Meter hohe Kreuzberg ist auch für seinen kleinen Wasserfall bekannt. Von der Aussichtsplattform aus schaut man auf dieses höchst artifizielle Stückchen Natur direkt nach unten auf die Großbeerenstraße und weiter geradeaus bis zum Landwehrkanal.

Der Viktoriapark mit seinem Kreuzberg ist eine Attraktion für Anwohner:innen und eingeweihte Tourist:innen. Wenn man die Wege nach oben spaziert, die ebenso gekünstelt anmuten wie der Wasserfall selbst, fühlt man sich in eine Mischung aus malerisch Idylle und Traumlandschaft versetzt. Es gibt einen märchenhaften Anteil an dieser historisierenden Umgebung.

Immer wieder trifft man im Viktoriapark Teenager, die Bier trinken und Joints rauchen, Menschen haben sich auf Parkbänken so niedergelassen, dass offensichtlich wird, dass sie schon viele Stunden, manchmal Tage dort verbracht haben. Im Halbdunkel wird man (...)

Zeug:in verschiedener mehr- oder weniger romantischer Begegnungen. Auch der Kreuzberg gilt, obwohl bereits tief im urbanen Gedächtnis verankert, noch immer als Geheimtipp. Und immerhin ist es einer der wenigen Orte in der Stadt, an denen man sich zum „Bergsteigen" verabreden kann.

Am Fuß jenes Kreuzbergs liegt im Viktoriapark das sogenannte *Vereinszimmer* – das schon seit mehr als 20 Jahren kein Vereinszimmer mehr ist, sondern ein charmantes Café, dem das Flair der „Nachbarschaftsinstitution" anhaftet. Es ist eines der wenigen authentischen italienischen Lokale in der Stadt – und hat viel Stammkundschaft. Der Milchkaffee wird, im Stil der 90er-Jahre, in Schüsseln serviert (der „Café au Lait Bol"), dazu gibt es „Spremuta D'Arancia", frisch gepressten Orangensaft. In der Vitrine liegen Piadinas und Tramezzini, und täglich gibt es unterschiedliche Salate und ausgefallene Pastagerichte. Zu einem Spaziergang auf den Kreuzberg gehört auf jeden Fall ein Besuch im *Vereinszimmer* – oder zwei. Vor und nach der Wanderung, wie wäre das? \

English version on p. 236

VIKTORIAPARK
Kreuzbergstraße 15, 10965 Berlin

⊙ 52.4897831, 13.3824759

22 Tempelhofer Feld

Park ohne Bäume

von
FREDERIC GRIESBAUM

Das Tempelhofer Feld, wo ehemals Flugzeuge starteten, ist der Park mit den meisten Besucher:innen. Von denen sich Tiere und seltene Pflanzen nicht verschrecken lassen

Nicht viele Parks in Deutschland haben über die eigenen Stadtgrenzen hinaus solch eine Bekanntheit erlangt wie das Tempelhofer Feld. Und das, obwohl dieses erst seit etwas mehr als einem Jahrzehnt überhaupt ein öffentlicher Park ist. Doch zurück zum Anfang:

Bekannt wurde der Flughafen Tempelhof bereits im letzten Jahrhundert, spätestens die Luftbrücke ins blockierte West-Berlin machten ihn weltbekannt. Als 2008 der Flugbetrieb eingestellt wurde, begann ein langer Aushandlungsprozess, an dessen Ende sich die Berliner Bevölkerung per Volksentscheid für die öffentliche Nutzungs als Parkfläche entschied. Heute wird der Park wöchentlich von fast 200.000 Menschen genutzt und gehört damit zu den beliebtesten Parks bundesweit.

Wenn man aus den Häuserschluchten Neuköllns auf die etwa 350 Hektar große Freifläche tritt, umweht einen sofort ein kühler Wind. Er hält nicht nur die Drachen dort drüben in der Luft, er lässt auch freudiges Kindergeschrei heranwehen. Der Geruch von Gegrilltem zieht herüber, Familien haben ganze Tischgarnituren aufgebaut und feiern ausgelassen Feste. Neben einer der am dichtesten besiedelten Wohngebiete Deutschlands bietet die Fläche vielen Menschen die Möglichkeit, einer kleinen Wohnung zu entfliehen.

Doch es wird sich auch verausgabt, Rennrad-Freaks und Horden an Jogger:innen umrunden die Fläche ein ums andere Mal, auf den zentralen Start- und Landebahnen schlängeln sich Rollschuhe, Skateboards und noch trendigere Fahrzeuge, deren Namen man nicht einmal kennt.

Zuletzt sind dort die Wiesen, auf denen Menschen ihr Feierabendbier trinken, sich einfach nur sonnen, lesen oder den in Berlin so raren „Blick in die Ferne" schweifen lassen. Kurzum, das Tempelhofer Feld ist ein Freizeit-Eldorado für alle, die dem Trubel und der Enge der Großstadt zeitweise entfliehen möchten.

Nirgendwo lässt sich der weitverbreitete Irrglaube, die Qualität von Natur steige proportional mit der Anzahl von Bäumen, so schön widerlegen wie auf dem Tempelhofer Feld. Gerade die Abwesenheit von Bäumen, (...)

historisch durch Ackerland und Flughafen begründet, sorgt hier für eine außergewönliche Artengemeinschaft in Flora und Fauna, wie sie in Berlin und Umgebung zwar typisch, aber eben nicht mehr häufig zu finden ist.

Allen voraus ist besonderst die Feldlerche, Alauda arvensis, zu nennen, die hier nicht nur Berlins größte Brutpopulation bildet, sondern in den Sommermonaten mit ihren Rufen das ganze Feld beschallt. Andere Vögel wie Neuntöter, Steinschmätzer & Co. machen den Park zu einem ernst zu nehmenden Ziel für Hobby-Ornitholog:innen. Andere Besonderheiten auf dem Tempelhofer Feld haben sperrigere Namen, wie die Blauflüglige Ödlandschrecke, eine mittelgroße Heuschrecke, die ebenfalls überregional gefährdet und geschützt ist.

Dass so viele seltene Pflanzen und Tiere hier einen Lebensraum finden, liegt nicht nur am besonderen Charakter der Fläche: offen, sonnenexponiert, mit sandigem Boden. Dass die Natur zwischen den Mengen an Besuchenden ihren Platz behaupten kann, liegt auch an besonderen Maßnahmen wie schonender Mahd, flächenweise sogar Beweidung mit Schafen, aber auch Vogelschutzzonen, aus denen Menschen ausgeschlossen sind.

Einer der Gründe für das Gelingen der Naturschutzmaßnahmen ist neben gutem Management aber auch sicher der viele Platz, auf dem man dynamisch auf Veränderungen der Nutzung, aber auch der Natur reagieren kann. Mal sehen, wie lange noch, die nächste politische Offensive zur Bebauuung des Felds läuft schon auf Hochtouren. Auf die Idee, einen bewaldeten Park als brachliegende Baufläche zu betrachten, käme wohl zurecht niemand. \

English version on p. 237

TEMPELHOFER FELD
Tempelhofer Damm, 12101 Berlin

⊙ 52.4761439, 13.3861994

23 Görlitzer Park

Meine Jahre mit dem Görli

von
ANNA-LENA WENZEL

Hy: E. M. Master
Ich Liebe Dich
Ich Vermmisse Dich
Ich möchte Dich
Sehen Bitte, Mein
Herz tut Wehe.
Mein
Master

Der Park mit dem niedlichen Spitznamen steht nicht nur für das Schöne im Leben

In den frühen 1990er-Jahren wird das lange brach liegende Areal des früheren Bahnhofgeländes in Kreuzberg in einen Park umgebaut. Dabei wird auch der ehemalige Grenzstreifen entlang des Landwehrkanals einbezogen. Es entsteht ein Grünzug mit Streuobstwiesen und Teichen, Sport- und Spielplätzen, einem Bauernhof und einem Verkehrsübungsplatz für Kinder. Der Park wird zu einer grünen Lunge und zugleich zu einem Drogenumschlagplatz, der medial immer wieder für kontroverse Schlagzeilen sorgt – bis hin zur Forderung, den Park mit einem Zaun zu versehen und nachts abzuschließen.

1997 wird im Görli eine 60 Meter breite Brunnenanlage eingeweiht, eine Nachbildung der berühmten Kalksteinterrassen nahe der türkischen Stadt Pamukkale, gedacht als ein Identifikationssymbol für die türkischen Einwohner:innen Kreuzbergs. Doch die Anlage war nicht frostbeständig, und der Brunnen konnte schon nach kurzer Zeit seine Funktion nicht mehr erfüllen. Die damals errichteten Felsen sind heute noch ein beliebter Treffpunkt.

2007 sieht man im Film *Prinzessinnenbad* zwei der Protagonistinnen im Görlitzer Park abhängen, der Park wirkt wie ein Landschaftspark mit Wiesen, Hügeln und wenig Menschen. Für die beiden ist er ein Rückzugsort. Hier unterhalten sie sich über Drogen, Sex und ihre Freund:innen.

2010 setzt der Regisseur Volker Meyer-Dabisch in seinem Film *Der Adel vom Görli* dem Park und seinen Nutzer:innen ein Denkmal: Man sieht Burni, einen drahtigen Mann mit Sonnenbrille und langen Haaren, beim Golfen im Park, jeden Tag kommt eine Runde Frisbeespieler:innen zusammen und irgendjemand dudelt immer mit seiner Gitarre oder hat seine Boxen dabei. Der Görli ermöglich hier eine friedliche Koexistenz von Freigeistern, Dealern, Nachbarn.

2014 ziehe ich in die südliche Nachbarschaft des Görlis. Wenn ich nach Norden will, muss ich den schmalen Weg nehmen, der durch den Park führt. Er ist gesäumt von Männern, die hier ihre Ware – Drogen – verkaufen. Die „Einkaufsstraße" zieht sich bis zur (...)

Schlesischen Straße hoch und bis zur U-Bahnstation Görlitzer Bahnhof. Es ist ein weitläufiges Areal, aber es scheint genug Nachfrage zu geben, dass die Männer hier Tag und Nacht herumstehen.

2021 schneit es, wir packen den Schlitten ein und laufen zum Görli. Die Kuhle in der Mitte mit ihren abschüssigen Rändern ist zum Rodeln, Schlittern und Rutschen ideal. Mit uns pesen Jung und Alt die Piste herunter. Die Stimmung ist ausgelassen und fröhlich.

2023 entsteht die True-Crime-Serie *Lubi – ein Polizist stürzt ab*. Die erste Folge heißt *Der König vom Görli*. Die Hauptperson Lubi ist hier als Zivilpolizist im Einsatz – am „berühmtesten Drogenumschlagplatz der Republik". Doch nach einem Unfall gerät der Polizist mehr und mehr auf die schiefe Bahn, die Grenzen zwischen Gut und Böse verschwimmen.

2023 widmet die Berliner Hip-Hop-Formation K.I.Z. dem Park ein ganzes Album und macht ihn in ganz Deutschland bekannt. Aus dem Text:

> Görlitzer Park, Görlitzer Park
> BZ-Schlagzeil'n, was hab'n wir gelacht
> Selbst Leute vom anderen Ende der
> Stadt sagen: „Ach krass, ist ja doch nur
> ein Park" \

English version on p. 238

GÖRLITZER PARK
Skalitzer Straße 47, 10997 Berlin

⊙ 52.4993079, 13.4322181

24 Comenius-Garten

Meditieren am Weltenmeer

von
OLGA HOHMANN

Ein Ort, der das „ganz Große“ im Kleinen zugänglich, erfahrbar macht

„Soll ich dir einen ganz besonderen Ort zeigen? Du kennst ihn sicher noch nicht.“ Wenn ich im Stadtteil Neukölln unterwegs bin und mich meine Begleitung so oder so ähnlich anspricht, dann ahne ich bereits, dass der „besondere Ort“, um den es sich handelt, nur der Comenius-Garten sein kann. Dieser in einem Zwischenraum zwischen zwei Wohnhäusern gelegenen, 1,2 Hektar großen (das heißt, kleinen) Parkanlage haftet nämlich der Charakter des Geheimnisses an. Man hat das Gefühl, als würde sich, fast märchenhaft, ein Stückchen Paradies nur für einen ganz allein öffnen. Das liegt sicher auch an der Nachbarschaft, in der sich dieser Garten Eden befindet: Es ist das Böhmische Dorf.

Mitten im lauten, lebendigen Neukölln, unweit der bekannten Sonnenallee, ist man nämlich ganz plötzlich von malerischer Idylle umgeben. Rixdorf wurde 1737 von protestantischen Exulant:innen aus Böhmen gegründet und ist, wundersamerweise, noch immer in fast originalem Zustand erhalten geblieben. Der geheime Garten (der gar nicht so geheim ist) wurde allerdings erst nach dem Abriss der sich auf dem Grundstück befindenden Mietskaserne *Richardsburg* errichtet. Das war 1971, danach gab es für ein paar Jahre Diskussionen darüber, wie das leere Grundstück genutzt werden sollte. Die Eröffnung des Gartens erfolgte 1995. Johann Amos Comenius (geboren 1592) war „Bischof der Böhmischen Brüder“. Man entschied sich, die Idee des „Lebensweges“, die er in seinen philosophischen Werken vorschlägt, im Umgang mit der Flora zu rekonstruieren.

Der Comenius'sche „Lebensweg“, der das lebenslange Lernen meint, wird hier in der Gartenarchitektur nachvollzogen, beginnend am Richardplatz mit einem großen Walnussbaum, führt er über ein „Veilchenbeet“ und einen „Rosenhain“ zu einem Teich, der den Namen *Weltenmeer* trägt. Diese maßlose Übertreibung in der Skalierung zeigt zum einen den Universalismus des Denkers an, gleichzeitig ist es ein Zeichen dafür, dass der Comenius-Garten als eine Art Metapher oder Stellvertreter zu (...)

bewerten ist. Das „ganz Große“ soll im Kleinen, Zugänglichen sichtbar und erfahrbar werden.

Vielleicht ist es das, was die Qualität des Geheimnisses herstellt. Es überfallt einen ein Gefühl der Überraschung in dieser Oase inmitten des allzu menschlichen, allzu lebendigen Lebens drumherum.

Comenius bezieht sich, ganz ähnlich wie René Descartes, auf eine Idee des Rückzugs und der Kontemplation, im Sinne des Strebens nach höherer Weisheit. Immer wieder trifft man auf bühnenartige Aufbauten, die zum Beispiel als „Auge Gottes“ gekennzeichnet sind.

Die christliche Weltanschauung, die die Konzeption des Gartens bestimmte, ist aber nur theoretisch erfahrbar. Sinnlich erlebt man erst einmal einen Ort der Aneignung. Menschen ganz unterschiedlichen Alters, unterschiedlicher kultureller Herkunft und Glaubenssysteme nutzen diesen fast erschreckend idyllischen Raum jeweils in unterschiedlicher Weise. Nicht selten erlebt man Rendezvous verschiedener Natur, Kinder picknicken auf den Wiesen, andere sitzen allein, lesen ein Buch oder rauchen Zigaretten. Manche spielen, obwohl verboten, mit Lautsprechern Musik ab.

Die Aura des Meditativen oder Kontemplativen jedoch verschwindet nie, an diesem Ort, der so versteckt wie öffentlich gleichermaßen ist. Es ist, als wäre jede Aktivität, die dort ausgeübt wird, von einer Ruhe durchzogen. Die Geräusche scheinen gedämpft.

Zwischen den etwa 30 Rosenarten tummeln sich Bienen. Kleinkinder spielen im Gras, Hunde sind im Garten nicht erlaubt. Der sogenannte *Irrgarten* (ein Teil des Comenius'schen „Lebenswegs“) werden von Schulklassen zu Lehrzwecken genutzt. Die Welt scheint, auf fast gespenstische Art, „in Ordnung“ zu sein, in diesem hoch artifiziellen Stück Natur, das ebenso viel Raum einnimmt wie ein Mietshaus. \

English version on p. 239

COMENIUS-GARTEN
Richardstraße 35, 12043 Berlin

⊙ 52.4753006, 13.4440953

25 Treptower Park

Wenn sich Quinoa und Currywurst gute Nacht sagen

von
STEFAN JACOBS

Berlins Überdruckventil bei zu viel Hitze in der City. Wenn der Abend die Familien nach Hause treibt, rücken die Party People nach

Der Treptower Park beginnt, wo Berlins dichtester Bezirk an den luftigsten grenzt – Friedrichshain-Kreuzberg an Treptow-Köpenick. Diese Lage macht ihn bei sommerlicher Wärmezufuhr zum Überdruckventil, durch das große Menschenmengen aus der City ins Grüne entweichen. Zugleich bildet der Park den Übergang zwischen Quinoa-Berlin und Currywurst-Berlin, zwischen Club Mate und Club Cola.

Selbst wer noch nie da war, verbindet mit dem Park mindestens eines von zwei Bildern: das auch aus der S-Bahn sichtbare Spreeufer mit den Stegen des Ausflugsdampferhafens. Und das Sowjetische Ehrenmal mit dem monumentalen Rotarmisten, ein Kind auf dem Arm, ein zerschlagenes Hakenkreuz unterm Schwert.

Eine Tour durch den Park beginnt fast automatisch an der Uferpromenade, die sich direkt am S-Bahn-Ausgang auftut und von einem breiten Asphaltweg erschlossen wird, auf dem Radfahren verboten ist und Flaneure sich vor den Radfahrern in Acht nehmen sollten. Die Promenade ist zugleich der Verteiler fürs Cityvolk, das sich je nach Gemüt schattige oder repräsentative Plätzchen zum Chillen sucht. Wenn der Abend die Familien und die Werktätigen nach Hause treibt, rücken die Party People nach, um nächtens die teure Stadtvillenkolonie auf der gegenüberliegenden Halbinsel Stralau zu verlärmen.

Der Park ist mit 85 Hektar groß genug, dass alle nach ihrer Fasson glücklich werden: Ein paar Schritte vom Spreeufer entfernt spenden prächtige alte Laubbäume Schatten und umrahmen großzügige Wiesen. Um die Fontäne im Rosengarten gibt es richtig begärtnerte Blumenbeete, die man den Grünflächenämtern im notorisch unterfinanzierten Berlin kaum zutraut. In der Nähe wurde 2024 ein Mahnmal für die andauernden Kriege dieser Welt aufgestellt. Bei Redaktionsschluss waren es zehn.

Die meisten Parkbesucher:innen bleiben am Uferweg. Der führt zum Epizentrum des Rummels – dem riesengroßen und an manchen Sommerabenden doch zu kleinen *Biergarten Zenner*, von dem aus man den Blick auf die Insel der Jugend und aufs Gestümper von Mietbootpaddler:innen und Partyfloßkapitän:innen (...)

genießen kann. Der Abstecher zur Insel lohnt vor allem wegen der Aussicht von der Abteibrücke, die dorthin führt.

Nur noch dank eines Hinweisschilds auffindbar ist die Stelle, an der sich seit 1899 die Einfahrt in Deutschlands ersten Unterwassertunnel befand. Durch ihn fuhr bis 1932 die Straßenbahn auf die damals von Industrie dominierte Halbinsel Stralau. Nach einem Bombentreffer 1945 wurde der Tunnel aufgegeben.

Hinter dem Kulturort Zenner und dem Weltspielplatz geht der Park stadtauswärts in den Plänterwald über. Wer hier ankommt, hat den Treptower Park zwar durchquert, aber nicht erkundet: Der weitaus größere Teil befindet sich auf der anderen Seite der Puschkinallee, die ihn längs durchschneidet. Dem weniger frequentierten Westteil fehlt der grandiose Spreeblick, aber auch der von hohen Bäumen bestandene Karpfenteich hat seinen Reiz. Wenige Schritte entfernt versteckt sich die *Archenhold-Sternwarte* mit dem weltlängsten beweglichen Linsenfernrohr. Dominiert wird dieser Parkteil seit 1949 allerdings vom Sowjetischen Ehrenmal, einem Monument aus Granit, Marmor und Bronze, das zugleich Grabstätte für mehr als 7000 Rotarmisten ist – darunter viele ukrainische. Ringsum stehen majestätische Platanen Spaliere.

Auf dem Rückweg zum S-Bahnhof entlang der großen Liegewiese kann man noch mal kurz innehalten – am Denkmal für Gartendirektor Gustav Meyer, nach dessen Plänen der Park ab 1876 angelegt wurde. Rund 90.000 Gehölze wurden gepflanzt, 130.000 Kubikmeter Erde bewegt. „Gewidmet von Freunden und Verehrern“, steht unter Meyers Büste. Man möchte ihr Schlussapplaus spenden, bevor man geht. \

English version on p. 240

TREPTOWER PARK
Am Treptower Park 20,
12435 Berlin

⊙ 52.4889520, 13.4621080

25 \ TREPTOWER PARK

26 Britzer Garten

Potz Britz!

von
STEFAN JACOBS

Zwischen Kleingartenkolonien breitet sich ein großes Paradies zum kleinen Preis aus. Wer hier nicht glücklich wird, der wird es anderswo auch nicht

Keine Hunde, keine Fahrräder, keine E-Roller, verkündet ein Schild am Eingang. Das Gros der urbanen Fußgängerplagen muss also draußen bleiben in diesem umzäunten Quadratkilometer Neukölln, der als Britzer Garten die Erbschaft der *Bundesgartenschau* von 1985 angetreten hat und das bis heute meisterhaft tut, wie sich erweisen wird. Wichtigstes Accessoire für den Besuch ist der am Tor erhältliche Übersichtsplan, denn die Form des zwischen Kleingartenanlagen und Friedhöfen gelegenen Parks strapaziert das Orientierungsvermögen: Ein dickbäuchiges, schiefes X. Oder ein arg straff verspanntes Lycra-Trapez, dessen Zentrum der große See bildet. Aber so weit sind wir noch nicht, noch lange nicht.

Denn schon nach wenigen Metern zweigt vom Hauptweg ein Pfad ab, der sich in Schlaufen über die Wiesen und zwischen Stauden zu einer Baumgruppe zieht. Gleich darauf folgt der Rhododendronhain mit verschlungenen Wegen zwischen den immergrünen Büschen sowie einer Pausenbank mit Blick auf mannshohe Farne und einem haushohen Bambus im Rücken. Ja, dieser Park ist groß genug für einen ganzen Tag. Die im Plan empfohlene „Große Runde" ist 5,7 Kilometer lang, aber sie folgt den Hauptwegen. Die sind breit genug für den größten Andrang, aber entfalten nicht den Zauber, der sich entlang der vielen Schleifchen auftut; oft nur ein paar Büsche vom Getümmel entfernt. Wobei: Getümmel gibt's eigentlich nur am Wochenende, wenn sich hier die Berliner Gesellschaft begegnet – auch die, die sonst getrennter Wege geht. Frauen mit Kopftuch entfliehen der Enge ihrer Wohnungen und ihres Lebens; spielende Großfamilien werden beim Picknick von Flaneur:innen mit kostbaren Frisuren beäugt. Und alle sind entspannt.

Je länger man durch den Britzer Garten bummelt, vom Staudengarten durch den von einer Eibenhecke in Burgzinnenform umgebenen Rosengarten und über die Britzer Höhe, desto klarer wird der Grund für dieses Wohlgefühl. Es ist die Balance aus authentischem Wuchs und arrangierter Natur; angepflanzt, aber nicht überkandidelt. Der ständige Wechsel zwischen Dickicht und Weitblick, Sonne und Schatten, wucherndem Grün und getrimmtem (...)

Bukett. Die reichlich vorhandenen Wiesen finden sich in Abstufungen von Golfrasen über Insektenparadies bis zu struppigem Berliner Allerlei. Eine Ziegenherde hat das Privileg, hier den ganzen Sommer zu verbringen, aber auch die zahlenden Gäst:innen dürfen den Rasen betreten und sich auf einer Liege oder einem Drahtgitterstuhl niederlassen, wenn sie einen ergattern.

Die Enden des erwähnten X werden saisonal relevant: Im Nordosten erstrahlt bei „Tulipan" eine Pracht, die nach dem Winter das Herz erwärmt und einen in Kombination mit dem schwebenden rosa Blütenmeer der japanischen Kirschbäume an den ersten schönen Tagen emotional zu überfordern droht. Später im Jahr ist es dort nur noch grün. Im Südosten übernehmen ab Mai die Azaleen. Im Südwesten wiederum wird im Spätsommer mit dem „Dahlienfeuer" ein Feuerwerk der satten Farben gezündet, wenn anderswo das Grün schon in den Seilen hängt.

Für kleinere Kinder gibt es einen Spielplatz zum Herummatschen, für ältere einen zum Auspowern und für das Kind im Manne den Modellboothafen am Großen See, wobei die Boote mitzubringen sind oder von Gleichgesinnten bereits mitgebracht wurden. Zwei Restaurants, Imbisse und ein Eisladen gehören ebenso zum Parkinventar wie das *Freilandlabor* als Jugendbildungsstätte. In Kombination mit den volkstümlichen Eintrittspreisen macht all das den Britzer Garten zu einem sehr demokratischen Ort.

Ein paar Mal im Jahr gibt's für Extrageld Sonderprogramm, etwa beim „Klassik Open Air" mit Tschingderassabum und Höhenfeuerwerk oder beim Staudenmarkt für Kleingärtner:innen. Die können beim Pflanzenshopping davon träumen, dass es bei ihnen irgendwann so aussehen möge wie hier. Wenigstens ein bisschen. \

English version on p. 241

BRITZER GARTEN
Sangerhauser Weg 1,
12349 Berlin

⊙ 52.4287882, 13.4346487

27 Sacrow

Heilig, still und leise

von
STEFAN JACOBS

Der Potsdamer Ortsteil liegt paradiesisch schön – und weit ab vom Schuss. Im Park gedeihen würdevoll gealterte Bäume, im Dorf eine normalerweise diskrete Bourgeoisie

Mit seinem selbst gebaut wirkenden Holzlattenzaun tut der Park Sacrow, als käme man zu Privatleuten zu Besuch. Oder zu Eremiten: Obwohl das Dorf zu Potsdam gehört und die Berliner Stadtgrenze keinen Kilometer entfernt verläuft, ist die einzige Straße durch den Uferwald hierher einspurig. Der Bus fährt im Stundentakt, und wenn er kommt, muss der Gegenverkehr ins Grüne flüchten. Sacrow befindet sich in exklusiver Lage – exklusiv für Bewohner:innen mit eigenem Auto oder ohne Anlass wegzufahren. Schon der Ortsname klingt ja fast sakrosankt. Dabei ist der vom slawischen „za krowje" abgeleitet, „hinterm Busch".

Das Dorf heben wir uns für später auf, wenn vor dem letzten Bus noch Zeit bleibt. Erst geht's in den Park, der nicht zufällig hier entstand, sondern als Teil des *königlich-preußischen Schlösser- und Gärten*-Ensembles genau hierher musste. Das erschließt sich nach wenigen Schritten, wenn man sich auf einer Bank vor dem eher gutshausartigen „Schloss" niederlässt und den Blick Lennés Sichtachsen folgen lässt: Leicht links schimmert am diesseitigen Havelufer die Heilandskirche durchs Geäst. Geradeaus glänzt das Stahlgerüst der Glienicker Brücke im Gegenlicht, leicht rechts überragt der Babelsberger Flatowturm die Bäume, noch eine Achse weiter ahnt man das Marmorpalais im Neuen Garten.

Sollten die Bänke vor dem Schloss besetzt sein, geht man fast automatisch weiter bis zur Heilandskirche, der Ludwig Persius mit ihrem freistehenden Kampanile und den hellblauen Ornamentfliesen auf den preußischen Ziegelmauern eine italienisch-antike Leichtigkeit verlieh. Die Kirche ist dreischiffig, wobei die äußeren Schiffe offene Säulengänge sind. Im südlichen läuft oder sitzt man direkt oberhalb des Schilfs am Havelufer. Stilvoller als hier kann man kaum irgendwo die Beine baumeln lassen im Weltkulturerbe. Und das Panorama ist hier noch famoser als am Schloss, weil zusätzlich die Meierei im Neuen Garten und das Belvedere auf dem Pfingstberg ins Bild rücken. Der Blick ist das Ziel – hier ist man angekommen.

Dabei siechte die 1844 geweihte Kirche 28 Jahre lang hinter doppelter Mauer und Stacheldraht, bis 1989 auch sie befreit und dank privaten Engagements restauriert wurde. (...)

Ein Foto am Turm zeigt den Verlauf des Todesstreifens in ihrem Rücken mitten durch den Park. Wenn man auf dem Uferweg weiter flaniert, kann man die einst völlig kahle Schneise noch vage anhand der spillrig nachgewachsenen Birken lokalisieren.

Der Park selbst bietet keine Gartenkunst im floralen Sinne, sondern gefällig arrangierte Landschaft mit in Würde gealterten, teils hinfälligen Bäumen. Die allerschönsten sind wohl die beiden riesigen Platanen direkt beim Schloss. Das beeindruckendste Exemplar dürfte dagegen die „1000-jährige" beziehungsweise, laut einem alten Foto, „2000-jährige" Eiche sein, die mit ihren knapp sieben Metern Stammumfang auf einem Hügel bei den Wirtschaftsgebäuden residiert. Die Eiche ist so alt, dass sie mittlerweile die meisten Äste samt dem Stützkorsett abgeworfen hat, das sie halten sollte. Die stählernen Ringe und Streben liegen im Gras wie mittelalterliche Kriegsgeräte.

Nach der Tour durch den Park bleibt noch Zeit für einen Bummel durchs Dorf. Die Straße hat nicht mal einen Gehweg; als Bewohner:in verschwindet man hier wohl direkt durchs zumeist namenlose Gartentor ins private Paradies. Das fällt je nach Straßenseite zur Havel hin ab oder zum Sacrower See. Es gibt hier fast nur Wassergrundstücke. Diese Lage hat eine teils prominente, diskrete Bourgeoisie angelockt, die nur laut wird, wenn es Unbill abzuwehren gilt – einen Mobilfunkmast, Geruch aus dem morastigen Schiffsgraben zwischen Havel und See oder Fluglärm vom BER. Obwohl Letzterer hier, knapp 30 Kilometer vom Flughafen entfernt, nie annähernd zu vergleichen wäre mit dem, was Zehntausende im Berliner Südosten erdulden müssen. Probleme sind eben auch relativ. \

English version on p. 242

SACROW
Krampnitzer Straße 34,
14470 Potsdam

⊙ 52.4279064, 13.0944207

28 Park Babelsberg

Ein Park als totale Inszenierung

von

STEFAN JACOBS

Das Panorama ist majestätisch, die Immobilien eine Pracht. Pückler, Lenné, Schinkel – alle großen Gestalter der Zeit haben sich an diesem Park versucht

Was Lenné anfängt und Pückler vollendet, kann kaum schiefgehen. Finanziell vielleicht, aber nicht ästhetisch, zumal in Hanglage oberhalb zweier Seen. Viele Wege führen hinein ins Gemeinschaftswerk von Preußens königlichem Gartenbaumeister und dem weit gereisten Hedonistenfürsten. Starten wir im Nordosten an Pförtnerhaus 1, das mit seinen Zinnen und dem Turm als englischer Landsitz durchginge.

Der Weg von hier führt oberhalb des Ufers in den Park. Dort setze man sich auf eine Bank, lasse das Panorama mit der Glienicker Brücke und dem am Ufer gegenüber stehenden Jagdschloss Glienicke wirken und werde für einen Moment pathetisch. Denn diese grandiose Kulisse war 28 lange Jahre hinter Mauer und Stacheldraht verborgen. Die Grenze der DDR zu West-Berlin verlief mitten durch die Glienicker Lake und die Havel; die Befestigungen im Park Babelsberg bezogen sogar das schlösschenhafte Maschinenhaus von 1845 ein. Man erkennt tatsächlich noch Reste der weißen Farbe, mit der die DDR-Grenzer die Ziegelfassade gestrichen hatten für optimale Sicht im Schussfeld.

Auch der heutige Grenzverlauf zwischen Berlin und Brandenburg ist farblich erkennbar: Die Potsdamer Hälfte der stählernen Glienicker Brücke ist in hellerem Grün gestrichen. Die Brückenmitte ist zugleich der westlichste Zipfel von Berlin. Rechts davon wird's kurios: Das Jagdschloss Glienicke steht in Berlin, die Nachbarn gehören zu Potsdam. Zur Mauerzeit war dieser DDR-Blinddarm „Sondersicherheitszone", von drei Seiten eingemauert und nur mit Genehmigung zugänglich.

Unser Weg entspricht der einstigen Hauptzufahrt zum selbstverständlich von Karl Friedrich Schinkel für Kaiser Wilhelm I. entworfenen Schloss, dessen neogotische Fassade aufgefrischt den Park beleuchtet, aber das laut der Schlösserstiftung „bis auf Weiteres" nicht zugänglich ist. Dafür gibt's einen Aufsteller mit QR-Code, über den man sich eine App aufs Handy laden kann für eine Augmented-Reality-Geschichtstour durch den Park. Ein nettes Gimmick, aber beim Daddeln verpasst man womöglich die farbenprächtig bepflanzten Beete, die es in dem ansonsten als Landschaftspark arrangierten Gelände nur vor dem Schloss gibt. (...)

Auf einem der vielen Wege – die breiten stammen von Lenné, die schmalen hat Pückler ergänzt – wandelt man um die Anhöhe, wobei der Tiefe See mit Potsdam ins Blickfeld rückt. Dahinter grüßt vom Pfingstberg das Belvedere. Cecilienhof liegt unsichtbar davor; die Blickachse nach Sanssouci wurde im 20. Jahrhundert mit Plattenbauten zugestapelt. Das Gesamtkunstwerk der Potsdamer Schlösser und Gärten – UNESCO-Welterbe seit 1990 – kommt nicht mehr zur Geltung wie im 19. Jahrhundert, aber majestätisch sind die Aussichten allemal noch. Das gilt besonders für den (nur an Wochenenden von Mai bis Oktober geöffneten) Flatowturm, dem das mittelalterliche Eschenheimer Tor in Frankfurt am Main Modell stand.

Ein Import aus Berlin ist die ebenfalls im oberen Parkteil stehende gotische Gerichtslaube, ein offener Backsteinbau. Im Alter von fast 600 Jahren war sie ab 1861 dem Neubau des Roten Rathauses im Weg, weshalb die Stadt sie dem Kaiser schenkte.

Der etwas weiter unten gelegene Marstall verfällt noch immer unter einer stählernen Wetterschutzhaube, während das am Uferweg gelegene Kleine Schloss gerade in frischer Cremefarbe erstrahlt. Die Gastronomie hier gab es sogar zur DDR-Zeit. Matrosen- und Kutscherhaus werden privat genutzt.

Soweit zu den Immobilien. Vor dem Abschied lohnt noch ein Blick auf den – nach dem Hofgärtner benannten – Kindermannsee, der auch im goldbraunen Spätsommer in seiner Senke liegt wie ein frischer grüner Salat in der Schüssel. Dann geht's durch das arg baufällige Havelhaus hinaus in die Potsdamer City. Oder zurück in den Park, von dem man sich schwer trennen mag. \

English version on p. 243

PARK BABELSBERG
Park Babelsberg Schlosspark,
14482 Potsdam

⊙ 52.4059416, 13.0968437

29 Landhausgarten Dr. Fraenkel

Ich möchte einen Park anlegen

von
MICHAEL HOPP

Ein Landhausgarten, der nicht genau weiß, ob er schon Park ist. Aber sehr viel zu erzählen hat

Parks gelten heute als selbstverständliche Kriterien für die Lebensqualität einer Stadt, dass Städte „grün" sein sollen, ist ein geläufiger Anspruch. Das war nicht immer so. Bis gegen Ende des 19. Jahrhunderts war das Nutzen bepflanzter Areale, in oder nahe bei Städten, der Aristokratie vorbehalten, die durch ihre privaten Schlossgärten und Parkanlagen lustwandelte, während ungesunde und beengte Wohnverhältnisse die einfache Bevölkerung krank machten. Das ließ sich auf Dauer nicht halten. Nach und nach wurden in ganz Europa viele der aristokratischen Gärten zu öffentlich Stadtgärten umgewidmet. Aus der Kritik an deren lebensfeindlichen Konzept (Rasen betreten verboten!) entstand um die Jahrhundertwende die Volkspark-Bewegung, für die in Hamburg etwa der Sozialdemokrat Fritz Schumacher steht und in Berlin der Gartenarchitekt und Visionär Erwin Barth („der Linné des 20. Jahrhunderts"), der ab 1926 für ganz Berlin Gartendirektor war. Barth schuf mehrere öffentliche Parkanlagen, etwa den Lietzenseepark und den Volkspark Jungfernheide, die konsequent der Linie folgen, Gartenkunst zu verbinden mit einem geschützten Raum für Kinder und einem hohen Erholungswert für Erwachsene.

Den Landhausgarten Dr. Fraenkel baute er in einer Zeit, als es bei den Wohlhabenden schick wurde, entlang der Havel von Berlin bis Potsdam Landhäuser zu errichten. Der Unternehmer Otto Lüdicke hatte auf dem Gelände seiner Ziegelei ein Sommerhaus bauen lassen, zu dem ein Garten gehörte, der zunächst von der Gartenbaufirma Ludwig Späth gestaltet wurde. 1920 erwarb der Berliner Bankier Max Fraenkel das Grundstück und beauftragte Barth mit einer großen Umgestaltung, die sich über mehrere Jahre hinzog. Mit der Emigration des Bankiers Fraenkel im Jahre 1933 und dem Freitod Erwin Barths im gleichen Jahr wurde der Gartenentwicklung ein jähes Ende gesetzt. 1938 eigneten sich die Nationalsozialisten das Grundstück an. Nach dem Zweiten Weltkrieg ging das Anwesen in das Vermögen des Landes Berlin über und verwilderte über viele Jahre. (...)

Zwischenzeitlich warf von hier aus der Zoll einen Blick auf Schiffe aus der DDR. Erst nach der Wiedervereinigung begann die Rückverwandlung der Gartenanlage nach den alten Plänen Erwin Barths, die mit der Sanierung von 2012 bis 2016 ihren vorläufigen Höhepunkt erreicht hat.

Heute gilt der Landhausgarten Dr. Max Fraenkel als ein Gartenkleinod in Kladow. Nach vier Jahren liebevoller Sanierung ist die denkmalgeschützte Gartenanlage seit Ostern 2016 wieder für Besucher:innen geöffnet. Der insgesamt 3,5 Hektar große parkähnliche Garten liegt in exponierter Lage auf der Krone des Steilhangs am Havelufer. Von den mit Bäumen bestandenen weitläufigen Wiesenbereichen am Ufer der Havel hat man einen herrlichen Blick auf den Wannsee und auf die nahe gelegene Pfaueninsel.

Die Beurteilung, ob Erwin Barth seine Vision der Verwandlung von Gärten in Parks hier ganz erfüllt hat oder eher dem Gartenkünstler in ihm gefolgt ist, mögen die heutigen Besucher:innen selbst vornehmen. Oder sich in dieser wunderschönen, hochkultivierten Anlage selbst wie Aristokrat:innen fühlen – bei freiem Eintritt. \

English version on p. 244

LANDHAUSGARTEN DR. FRAENKEL
Lüdickeweg 1, 14089 Berlin

Auf dem Wasserweg: Die Fähre F10 verkehrt zwischen S-Bahnhof Wannsee und dem Kladower Hafen. Über die Imchenallee ist der Landhausgarten in etwa 20 Minuten zu Fuß zu erreichen. Kanut:innen können direkt am Garten anlegen. Das Potsdamer Wassertaxi hält an der Station → Heilandskirche. Radfahrer:innen benötigen von dort circa 30 Minuten bis zum Landhausgarten.

⊙ 52.4438610, 13.1306305

30 Pfauen-insel

Wie ein Märchen aus Kindertagen

von
OLGA HOHMANN

Kein Disneyland an der Havel. Oder: Im alten Reich der Kaninchen

Wenn man Fotos des kleinen Schlösschens auf der Pfaueninsel sieht, meint man, es würde sich um eine Attrappe handeln – wenn nicht sogar um einen Instagram-Filter. Auch die Pfauen selbst wirken wie Geschöpfe fast übernatürlicher Herkunft. Ihr Gefieder schimmert in allen Farben, und wenn sie ein Rad schlagen, erschrickt man fast vor der erhabenen Ausstrahlung des stolzen Tieres. Tatsächlich ist die Pfaueninsel aber keine Fotomontage im Walt-Disney-Stil, sondern eine echte Sehenswürdigkeit am Rande Berlins. Der im Ortsteil Wannsee in unmittelbarer Nähe zu Potsdam gelegene Landschaftsgarten ist seit 1990 sogar ein sogenanntes Weltkulturerbe der UNESCO.

Im 17. Jahrhundert ließ der Kurfürst dort eine Kaninchenzucht einrichten. 800 Kaninchen lebten damals auf der Insel. Kurz darauf wurde sie dem Alchimisten und Glasbläser Johannes Kunckel als Geschenk übereignet. Man sah dunkle Rauchschwaden über der Insel schweben, der Kurfürst und Kunckel experimentierten dort gemeinsam mit unterschiedlichen Materialien und Okkultismus, die Insel wurde als Ort der schwarzen Magie bekannt. Das Ergebnis der magischen Forschung war, dass große Teile der Insel niederbrannten. Vor allem die von ihm errichtete Glashütte und das Laboratorium waren von den Brandschäden betroffen. Als Kunckel gefragt wurde, was es mit den Versuchen auf sich gehabt hatte, antwortete er: „Der hochselige Herr Kurfürst war ein Liebhaber von seltenen und kuriosen Dingen und freute sich, wenn etwas zustande gebracht wurde, was schön und zierlich war. Was dieses genützt hat, diese Frage kann ich nicht beantworten."

Nach dem großen Brand wurde die Insel mehr als 100 Jahre nicht genutzt. Der Nachfolger Friedrichs des Großen, Friedrich Wilhelm II., nutzte den Ort einige Jahre lang für geheime, romantisch-erotische Treffen mit seiner Liebhaberin Wilhelmine, der Tochter des Hornisten in der Hofkapelle. Wilhelmine und Friedrich Wilhelm bekamen vier uneheliche Kinder miteinander.

Friedrich Wilhelm II. war auch derjenige, der das ikonische, an umfallende Pappkulissen im Theater erinnernde Schlösschen auf der Insel installieren ließ. Ein Bühnenbild war es tatsächlich auch insofern, als dass der König darauf achtete, dass das Bauwerk schon von Weitem, (…)

das heißt, vom anderen Ufer aus zu erkennen war. Wilhelmine selbst war an der Planung des Bauwerks beteiligt und stattete es innenarchitektonisch aus. Die Skala ihrer ästhetischen Vorlieben hatte durchaus historisierenden sowie exotistischen Charakter. Griechische Bronzen kamen in der Gestaltung ebenso vor wie ein Turmzimmer im Stil einer Bambushütte. Obwohl das Gebäude funktionstüchtig war, hatte man sich bewusst dafür entschieden, ihm die Anmutung einer Ruine im Stil eines verfallenen römischen Landhauses zu geben.

An der Anmutung der Pfaueninsel hat sich bis heute nichts geändert. Man nimmt eine Fähre über die Havel, auf der anderen Seite des Ufers befindet sich ein Biergarten. Auch für viele Berliner:innen handelt es sich um einen Ausflugsort, den sie selten besuchen. Es gibt mehrere jahrhundertealte Eichen, Wasserbüffel sowie die verfallenen Gebäude, die zwar als solche errichtet wurden, sich aber im Lauf der Zeit in tatsächliche Ruinen verwandelt haben. Tatsächlich sind es aber die magisch-schillernden Geschöpfe, die Pfauen selbst, die einen immer wieder erstaunen und verzücken.

Auch in der Literatur kommt die Pfaueninsel als kleiner Paradiesgarten am Rande der Großstadt immer wieder vor. So schreibt zum Beispiel Theodor Fontane: „Pfaueninsel! Wie ein Märchen steigt ein Bild aus meinen Kindertagen vor mir auf: ein Schloss, Palmen und Kängurus; Papageien kreischen; Pfauen sitzen auf hoher Stange oder schlagen ein Rad, Volieren, Springbrunnen, überschattete Wiesen; Schlängelpfade, die überall hinführen und nirgends; ein rätselvolles Eiland, eine Oase, ein Blumenteppich inmitten der Mark."

Und nach wie vor lädt der mythische Ort auch zum Fantasieren ein: So gibt es zum Beispiel die Legende, dass unter Willy Brandt ein Atomkraftwerk auf der Pfaueninsel errichtet werden sollte. Der urbane Mythos wurde aber im Nachhinein als Missverständnis entlarvt. \

English version on p. 244

PFAUENINSEL
Pfaueninselchaussee 100,
14109 Berlin

⊙ 52.4302343, 13.1209339

ENGLISH TEXTS

1 FRITZ-SCHLOSS-PARK
By Anna-Lena Wenzel

FROM THE MAIN ENTRANCE

The main entrance to the ten-hectare park is situated on the west side of Rathenower Strasse. Here, you can find a sort of entrance area with various signs pointing out the numerous sports facilities along with a map that provides an overview. To the right, there is a mini-golf course with a small kiosk. Continuing a little further into the park, you can see a square memorial stone with the inscription: “Den Notstandsarbeitern zum Dank”. Notstandsarbeiter were those men and women who rebuilt the city after the war. They built the two hills that give the park its current shape, using the rubble of the barracks that originally stood here. Where once there was a parade ground, complete with barracks and a courtyard dedicated to drill and order, people now enjoy their leisure time, voluntarily engage in fitness training, and indulge in relaxation. This is made possible by the abundant sports facilities, which include:

- playgrounds, football fields, and tennis courts
- an indoor swimming pool
- the Vabali spa
- a sledding hill
- a fitness trail
- a dog garden.

FROM THE EAST

The east-facing entrance to the park is on Lehrter Strasse. This used to be the official entrance to the Poststadion, as evidenced by the ticket booths which still stand here and which have just been restored. In 1929, a multi-purpose sports facility opened here. Also known as the “Volkssportstätte” [“people's sporting grounds”], this complex has been listed as a protected structure since 1990 and includes:

- the Poststadion, Berlin's oldest stadium, used by runners, footballers, soccer players, and other athletes
- a roller sports facility where junior ice skaters train
- a new climbing wall and climbing gym run by the German Alpine Club (DAV)
- a skating facility
- an indoor swimming pool turned indoor sports and rowing centre
- outdoor exercise equipment
- a motor-skills parcours and various football pitches.

Fittingly, the entrance area includes an information centre for the history bike track Fussballroute Berlin. Historical photos of the Poststadion are displayed alongside informative texts that highlight special sporting events, including the fact that world champion Max Schmeling boxed against Paulino Uzcudun here in 1935, and that the 15-day cycling Tour of Germany had its finish line here in 1938[1].

FROM THE SOUTH

Seydlitzstrasse borders the park to the south. From here you can reach:

- the Tiergarten sports pool,
- the Moabiter Kinderhof, which calls itself an open play, learning, and adventure centre, and
- a football pitch and a basketball court.

FROM THE NORTH

The northern entrance to the park is on Kruppstrasse and is not really an entrance at all, but a way to the large tennis court of the Tennis-Club Tiergarten e.V. (black and white), which has been here since 1949. The grounds include

- seven clay courts,
- two indoor courts
- a clubhouse and
- a spectacular amphitheatre-style centre court, sunk deep into the ground and surrounded by stone spectator stands.

TWO HILLS IN THE CENTRE

If you follow one of the many entrances, several winding paths lead you to the two hills in the centre of the park. One of these is adorned with a memorial to Dr Fritz Schloß (1895-1954), who the park is named after. Schloß was a socialist-democrat from 1946 until 1952 and mayor of the Tiergarten district—which the park belonged to, before becoming a part of Moabit. The park itself was laid out by Wilhelm Alverdes, who became head of Tiergarten's horticultural department in 1954. It may be of little surprise that the reforestation of Tiergarten, which had been bombed and was largely destroyed during the Second World War, also took place under Alverdes' tenure, as the "concept of a quiet, spacious landscape recreation park", with its wide meadows and forest-like groves closely resembles Fritz-Schloß-Park. \

Rathenower Strasse/Turmstrasse,
10559 Berlin

⊙ 52.5267147, 13.3554995

---

2 PANKEWEG
By Norbert Bayer

In places, the Panke is a jammed inner city canal; in other places, it winds like a stream. Along the way: dual carriageways, bridges, obstacles. To walk along the Panke is to walk into the unknown. How long will it go on like this? There is no clear answer, because there are many ways along the Panke. The green of bridges, the red of handrails, swinging gates, mesh bridges – that's what we have here. Losing the path it is named after is as much a part of the Panke experience as the search for its continuation. Is this it now? The motorway. But it continues, with a carp pond just beyond it. A colony of garden lots. Then the plains. And donkeys.

The Panke meanders for several dozen kilometres from Bernau to Berlin, where it mingles in with the Spree. It knows no boundaries nor limits. It passes through different lifestyles, uniting and naming class boundaries through the surrounding landscape, along Bürgerpark and Schloßpark – occasionally disappearing behind stately rows of houses.

It is a transition, a passage. Geographically, from Blankenburg to Weissensee to Wedding to Mitte. Physically, when the fog rises into the sky in autumn. From the wild stream in the lowlands, the Panke evolves into an arrow-straight canal.

The Panke forms a stretch of land that demands energy and requires you to be open to changing sides. Out into the surrounding neighbourhoods: fancy new buildings and big cars; reading workers and smudged canvases. Leather caps, Panama hats, cowboy hats, trilbies – the Panke squeezes diversity into a small space. Yellow plastic pipes hold up rotting trees. Sounds of organs, chainsaws, electric scythes. Further down in Mitte, people used to be baptised in the river. Petit palais, portico, pergola, putti. "Seid wachsam." The Panke is awash with brittle beauty.

Promenades are elsewhere. Instead, the Panke promises: more roses. Go easy, Zonke! Dip, skate park, playgrounds. All the caution and consideration. Bumpy paths between allotments, football pitches behind nettles. Bananenapfelweg, Mönchsapfelweg, Pfaffenapfelweg. Gnarled pines against green-and-white cloths on British cattle. We watch the fountain and you say to me: "Yes, that would make the world a better place."

The Panke takes us to our destination and spits us out: Out of your daydream and into the rigid, urban form. Nothing flows, everything fades – there where the Panke is not. \

Source of the Panke
Bahnhofsplatz 4,
16321 Bernau

⊙ 52.678424, 13.599970

---

3 TIERGARTEN
By Kim Mortega

With the change of the seasons, each spring brings back hundreds of thousands of migratory birds to Berlin. Their calls chase away the long winter and fill Tiergarten with a symphony of birdsong. At night, as darkness envelops the park, the song of an unremarkable-looking bird fills the air. It is an experience that touches my soul profoundly.

The nightingale in Tiergarten is not just a bird, but a symbol of the untouched and quiet poetry of nature within a hectic world. More than thirty pairs raise their offspring here. With a bit of luck, you may encounter the same male in his territory year after year.

Such intimacy forges a relationship with nature and makes us yearn for more. Just like the birds, I keep returning to Tiergarten to recharge my batteries and enjoy the colourful flurry of activity – a nuthatch running headfirst down a tree trunk, robins chirping their tender song in waves of gold, buzzards prowling the vast park tirelessly for mice and young rabbits.

With its 200 hectares stretching between Hansaviertel, Brandenburger Tor, Potsdamer Platz, and Bahnhof Zoo, Tiergarten offers buzzards sufficient room to live. This was not always the case. During the Second World War, the park suffered massive damage due to the fighting in the centre of Berlin. In the post-war period, any trees still standing were felled to fuel fires. Later, over a million young trees would be donated by other German cities to reforest the park.

Today, there is little evidence of this devastation. The only testimony are the numerous memorials and monuments that I pass by time and again on my many walks. Under one of these monuments, a family of foxes has made their home. The young foxes caper about and are not disturbed by my presence. We are at peace and I can lie down in the tall grass of the meadow, listen to the insects, and watch the breakneck flight manoeuvres of graceful swifts in the air.

Tiergarten is an impressive example of how nature and city can be in harmony. The old trees and the song of the nightingale are living proof that even in the heart of a major city, nature retains its own, quiet presence. This park is a place of tranquility and a vibrant example of the richness of Berlin's urban nature. \

Strasse des 17. Juni 100,
10557 Berlin

⊙ 52.5140221, 13.3372965

---

4 VOLKSPARK HUMBOLDTHAIN
By Anna-Lena Wenzel

Volkspark Humboldthain scores on many levels: It is home to the Humboldthain summer swimming pool, an adventure playground and a climbing wall, many meadows, a meticulously tended rose garden and a rectangle of nature left to its own devices; there are reminders of the past, such as a memorial to Alexander von Humboldt and a monument to German reunification, and an impressive view of contemporary Berlin from the viewing platform.

The specific hilly topography of Volkspark Humboldthain is due to the fact that during the Second World War an anti-aircraft tower, a control tower and underground bunkers were located here. While the southern tower was blown up and is hidden under rubble, the anti-aircraft tower, which rises seven stories into the ground, is now partially accessible. It is thanks to the Berlin Underworlds Association, a research and education organisation that has not only created a wealth of information and infrastructure to tell the story, but has also made the former air defence tower accessible to groups since 2004 – at least from April to November, as the bunker is used as a bat roost in winter.

Entering the ruins is an adventurous programme, as large parts of the bunker have been damaged by blasting. (But don't worry, the tour takes great care to ensure the safety of visitors). The fact that part of the bunker is still standing today, rather than being facing demolotion as it would typically be the case, has to do with the fact that after the war the French military did not want to risk damaging the railway installations in the immediate vicinity, which were under Soviet control. The result was a fake hill, the origin of which is still accessible.

The walk to the top is definitely worth it: you can either descend deep into the megalomania and atrocities of German history or enjoy the sweeping views. To see how the park, which was created in 1869, has changed over the years, there is a sheltered "Archaeological Window" on Brunnenstrasse, opposite the underground station at Gesundbrunnen. It was also created through the initiative of the Berlin Underworlds Association and was erected in 2015. Here you can see the remains of the foundations of Himmelfahrtskirche, a church that used to stand here, and marvel at historical views of the park and the surrounding area.

In 2023, another spectacular underground find caused a sensation: Two years earlier, Monika Puhlemann had published a poem in the neighbourhood magazine asking for the whereabouts of the so-called "Weißer Stier", which she had known from the park as a child. It is a marble sculpture by the artist Ernst Moritz Geyger, set up in 1901 on the central lawn of the park next to a pond. Damaged during the war, it had been missing since the 1950s. The chairman of the Berlin Underworlds Association, Dietmar Arnold, and archaeologist Claudia Melisch took action. Using historical maps and photographs, they were able to locate the original site, recover the sculpture and add the sensational find to the "Archaeological Window". \

Brunnenstrasse 100,
13357 Berlin

⊙ 52.5465530, 13.3900181

---

5 NORDBAHNHOF PARK
By Anna-Lena Wenzel

The railway area north of Nordbahnhof S-Bahn station, which had been derelict for decades, was redesigned in the early 2000s. The combination of old railway tracks, remnants of the Berlin Wall and fallow vegetation provides a unique refuge for plants and animals, adventurers and those seeking peace and quiet.

The narrow strip of parkland is striking in its understated design: bordered meadows with occasional benches and play equipment, staged historical relics and piled railway sleepers.

Birgit Seitz works in biodiversity analysis at the Institute of Ecology at the TU Berlin and is on the advisory board of the Botanical Society of Berlin and Brandenburg. I'm on an expedition with her. She starts to talk:

"Much of the natural vegetation has been incorporated into the redevelopment. The site was a railway station until 1952, after which there was a strip of wall here for a long time. At that time, the area was constantly cleared and treated with herbicides to keep the view clear. After 1990 the vegetation began to grow. From 2004, the park was redesigned according to plans by Fugmann/Janotta, with much of the wild vegetation incorporated into the park concept. Typical ruderal vegetation includes birch and robinia, as we can see here. Other typical shrubs are the wild roses or the mahonia, with its dark green leaves and yellow flowers, which comes from the gardens."

We turn to look at the meadow, the grass looking short and trampled.

"This area is probably not mowed, but is kept short by constant foot traffic. This keeps the vegetation very loose and open. The Parks Department will only do the bare minimum. The stated aim is to leave the area largely to its own devices." (...)

Birgit Seitz walks a few metres out onto the meadow, looks around and bends down.

"Where you think nothing is growing yet, you can discover quite a few things if you take a closer look. This is a spring starflower. It's called that because it grows in nutrient-poor locations."

We come to a square area, one of three so-called trapezoids, which lie like islands in the centre of the meadows and are accessible via footbridges. They contain play and sports equipment such as trampolines and seating.

"Here's something beautiful! The yellow-flowered spring ragwort. You can often see it along railway lines. A saxifrage grows between them, many species of which are known from rocky areas in the Alps. This here is the three-fingered saxifrage, a somewhat rarer species in Berlin, which is spreading more and more on fallow land, especially along railway lines. This is stonecrop, a succulent that tastes a bit like pepper. Then there's the forget-me-not and the vetch. A fascinating microcosm!"

We have reached the western edge of the park, to the left of the pavement are several volleyball courts. Straight ahead is a fenced area through which we see two foxes running. We turn the corner and come to the increasingly narrow strip of car park that leads northwards. The changing surface is interesting: first there are large concrete slabs, probably from the border system. Then there are tracks running across the ground. There are brick remains lying around in the bushes, possibly from the former railway station. The landscape architects did not want to stage the history of the site, but to enable its experience while passing.

"Nothing was actually planted in the entire park, everything grew by itself and was then integrated into the park 's design. This has a special aesthetic and is a great way to minimise design interventions."

The path ends with a view of the rusty railway bridge, now an industrial monument. Right next to the fence, a gold lacquer is blooming. We walk back along the path and look at the information board at the exit to Bernauer Strasse, opposite Nordbahnhof.

"It's crazy, isn't it?" says Birgit Seitz as we look at the historic photos of the railway tracks and the Wall. "What has changed since then!" \

Gartenstrasse 45,
13355 Berlin

⊙ 52.5359127, 13.3844145

---

6 MONBIJOUPARK

By Anna-Lena Wenzel

No other park in Berlin-Mitte has so much to offer in such a compact space as Monbijoupark. It offers access to the river Spree, an open-air theatre, a children's swimming pool, a fitness trail and the friendliest public toilet in Berlin. No wonder "Monbijou" translates from French as "my jewel". "The almost five-hectare estate near the Spree was once considered the most beautiful in all of Berlin," reads the description of the park on the "visitberlin" website.[3]

The origins of the park are described more prosaically on an information board at the northern entrance to Oranienburger Strasse as the "Electress's cattle yard". Here one learns that the beginnings of the park go back to the 16th century, when it was actually used as a cattle yard. It was also used for agricultural purposes in the following century, until the Monbijou Palace, a summer residence, was built here in 1703. In the following centuries it was extended several times, including the addition of a cathedral convent and a hall for ball games. In 1789/90, Georg Christian Unger also built a gate building with a theatre in which scenes from Goethe's "Faust" were performed for the first time. After the death of Queen Friederike Luise, who died in Monbijou in 1805, the park was opened to the public and the palace was also rebuilt. From 1877 it housed the Hohenzollern Museum. It was largely destroyed during the Second World War and demolished in 1959 by order of the SED magistrate. The park was then rebuilt as part of the "National Reconstruction Programme", numerous trees were planted and the children's pool was built. From 1973 the Volkspark became a "Leisure and Recreation Centre" with new small sports facilities, playgrounds, a shooting range and a park restaurant with a gymnasium.[4]

This brief historical overview shows how much the park has changed over the centuries, and how many new buildings have been constructed. Many of these facilities have now disappeared, such as the castle or the studio building from the 1950s, which was demolished in 2011. Instead the children's swimming pool still exists and many new attractions, such as a children's playground, a volleyball and a basketball court, as well as a free athletics training area have since been built. Above all, however, there is the Monbijou Theatre, including a Märchenhütte and a restaurant, which looks a little outdated with its improvised aesthetics. An interesting detail: Märchenhütte and theatre are built on a former air-raid shelter, which was built around 1939/40 for the main telegraph office in Monbijou/Oranienburger Strasse.[5] Since 1998, the Monbijou Theatre has been using it in the summer months as a base for its wooden amphitheatre, which also includes a bar and a pizzeria. The theatre is a great place to sit in the summer, watch the dancers and enjoy the view of the Spree and the Museumsinsel. \

Oranienburger Strasse,
10178 Berlin

⊙ 52.5240189, 13.3966499

7 DOROTHEENSTÄDTISCHER FRIEDHOF

By David Baum

In Slavic lore, cats are described as liaisons to the afterlife. A theory that seems quite plausible at the Dorotheenstädtischer Friedhof, a cemetery in Berlin-Mitte. Nobody knows exactly why and how long they have been creeping around here; the cemetery gardeners tell different stories. The more elegant of these lively inhabitants live in doll's houses, built by whomever between the tombstones of important Berliners.

I first came here because of Hanns Eisler, one of the many Austrians stranded in Berlin. His Australian great-niece ran a wonderful lesbian bar called „Sharon Stonewall" below my flat on Linienstrasse, where I used to love to drop in. Helen told anecdotes about her famous composer uncle, to whom the GDR owed its beautiful anthem, and told me that he was buried around the corner with his wife, her great-aunt Steffy. The two of them lie unadorned under a mossy block of stone at the wall of an old memorial.

What makes this cemetery so fascinating is that it tells us who the people of Berlin wanted to remember in which era and therefore prepared a grave of honour for him or her. In Prussia, poets, artists and thinkers such as Fichte, Hegel, Klenze, Schinkel, Schadow and Rauch were buried here. In the German Empire, heroes of industrialisation were added, such as August Wilhelm von Hofmann, inventor of aniline dyes, or Ernst Litfass, inventor of the poster column named after him.

The dead of the GDR are still prominent today: Bertold Brecht, Helene Weigel, Anna Seghers, Heinrich Mann, Heiner Müller – even though he died six years after reunification. I've been standing by his grave for a long time. There is a small ashtray on the unadorned grave of the great playwright, who liked to smoke cigars all his life, in case a friend came by for a Havana, but most of them are no longer alive.

Once I discovered a wilted flower arrangement on a pile of earth, with a dirty ribbon (...)

that said "In gratitude, the SPD Sylt". I didn't even know that there was an SPD on Sylt, so I was all the more astonished to wonder who the islanders might be mourning in this way. After a lot of asking around, it turned out that the former Federal President Johannes Rau had been buried here so unadorned. The chaotic Berlin administration had been unable to organise a gravestone for ages. A friend, the editor-in-chief of a daily newspaper, whom I told about it, even wanted to make a headline out of it, but then left it alone so as not to upset the president's widow. A short time later, the stone was there. The dead leader had carved "This one was with Jesus" on it.

Dorotheenstädtischer Friedhof is a cheerful cemetery. You feel like you're at a quiet reception for an illustrious society, and as often as you go there, you discover new celebrities that hardly anyone knows anymore. The planner of this eternal celebrity party must have a sense of humour, because there isn't much space between Hannoverscher Strasse and Invalidenstrasse, so they get quite close to each other in the Mitte underground.

And if you've had too much of the hustle and bustle, there's the old cemetery Hugenottenfriedhof next door, where the first generations of French immigrants, who brought the old Prussians a bit of good taste and savoir-vivre far beyond death, are laid to rest. The whole cemetery still has more style than Fashion Week. Things are so elitist here that even the cats are afraid to come over the wall.

In the meantime, people I knew personally or who even were friends are also buried here. My favourite director Dimiter Gotscheff, the actor Jens Lehmann, with whom I enjoyed sitting in the cafeteria of Deutsches Theater, my friend, the artist and fashion blogger Carl Jakob Haupt. His little grave, with the inscription "Weiter" Continue, is next to that of Fritz Teufel, the communard and terrorist of the 2 June movement, and sometimes I wonder how their ashes found each other underground. Only the cats know, but they just purr and keep quiet.

The woman behind the counter in Alt-Berlin, right across the street, once said, while tapping a Berliner Kindl, that you could call all those places home where the names on the cemeteries mean something to you. Maybe that's why you feel so at home here, even if you've already lived somewhere else for a long time. \

Chausseestrasse 126,
10115 Berlin

⊙ 52.5286585, 13.3840291

8 MAUERPARK
By Anna-Lena Wenzel

"Ach Mauerpark, ick lieb dir. Even though today, Sunday, you're probably still full of yesterday's garbage. And even though tonight there will be even more garbage and you will be overcrowded again, I like you, Mauerpark,"[6] writes the author David Wagner, who lives in the immediate neighbourhood of Mauerpark and whose text is basically about the "absent Wall", as he says. No wonder he prefers to go to the park early in the morning, before the families and tourists, the athletes and party people arrive.

Together we enter the park from Bernauer Strasse in the south and first walk up the hill to the Friedrich-Ludwig-Jahn-Stadium. From here we have a good view. While graffiti artists spray colourful pictures on the wall to our right, our gaze wanders to the West, to the part of the park where barracks and a nursery stood for years. Now, most of the buildings have been demolished, giving way to a car park-like area where the flea market opens its stalls on Sundays. What was organically taken over and planted after the reunification is now completely planned and developed. Nevertheless, the informal charm has been preserved in some places.

We walk back down the hill and head north along the cobbled street. To the left is Wedding, to the right Prenzlauer Berg. While the former West is characterised by social housing, the former East is home to renovated old buildings. Rents skyrocketed here after reunification and the residents have almost completely changed.

Wagner leads me to the stone roundabout, which has been laid out on the newly created east-west passage, and in the middle of which there are rough seats and an oversized table. We don't want to sit down here, so instead we walk north towards the apple orchard and have a look at the community garden, which is pleasantly unorganised. We continue in the direction of the birch grove. Wagner is impressed by the height of the birch trees – they are only thirty years old. We follow the exposed tracks in the ground and Wagner tells us that they belonged to the freight depot to which the trains of the northern railway ran. We walk through Gleimtunnel to Jugendfarm and the newly created playground. To the left, the new buildings reach up to the tracks. In the distance you can see the pedestrian bridge that connects the park with Behmstrassenbrücke.

On the way back, we walk down the steps to Gleimstrasse and come to a part of the park that is still a little wild and from a different era: we are standing in front of a small water basin with three solarplants shaped like sunflowers and numerous erratic boulders. Sparrows chirp from the impenetrable green.

From here we cross Falkplatz, which is much older than Mauerpark, and walk back through the sports facilities. On the way back to our starting point, Wagner points out the new "Archaeological Window": a somewhat brutal-looking rectangle set into the ground that surrounds the remains of the GDR border fortifications. I am particularly fascinated by a picture of local residents who, after the fall of the Wall, are busy greening the abandoned no-man's-land and turning it into a park. The information sign reads: "After the opening of the Wall in 1989, citizens' initiatives appropriated the former Wall strip. Mauerpark was created in 1992 as a result of the various activities to green the border strip." Good to know. \

Eberswalder Strasse 1,
10437 Berlin

⊙ 52.5408265, 13.4049977

9 SCHLOSSPARK SCHÖNHAUSEN

By Ilko-Sascha Kowalczuk

I used to love coming here with my four children when they were younger. We live near the bourgeois Pankow, in Prenzlauer Berg, even when it didn't look like it does now. Schlosspark is never crowded. Perhaps the last time was on 30 June 1963, when 40,000 well-wishers lined up between the neat flowerbeds to celebrate the 70th birthday of the then "Zonal Dictator" Walter Ulbricht. For ten hours. Talk about using a park differently.

When I was in the park with my children, I could always get away from it, but in principle the castle and park represent the upheavals of German history like few other places. The present seems to give itself away to this fact somewhat, because almost nothing happens in the park today. There is no infrastructure, no café, no small shop – which has its advantages for visitors. It's a great place to meet people and the kids aren't stressed about when they'll get their first Capri Orange. And – the playground is wonderful!

The park is so old! Its history begins in 1662 with the noble family of Dohna-Schlobitten, who built the baroque palace to house the inventory of their castle in East Prussia. From the end of the 17th century until 1918, the castle and park were owned by the Hohenzollern family. The gardens flourished between 1740 and 1797 when Queen Elisabeth Christine, wife of Frederick the Great, regularly stayed at the palace during the summer.

During this period, Peter Joseph Lenné (1789-1866), the superstar garden designer of the time, developed the original Dutch garden. First in the French, then in the English style, with the help of the Nietner family of court gardeners. Five plane trees at the palace, which are protected as natural monuments, date from this period.

The former size of the residence can still be imagined today: The palace gardens included an estate that now extends to the west of the palace as Schönholzer Heide. (...)

November Revolution of 1918 – the park and palace are expropriated. In the 1930s the Nazis used the palace as a storehouse for "degenerate art". After the Nazis, the Soviets came and took everything. And with little regard for Lenné's 19th-century landscaping, the garden was divided at the end of the war in 1945. The smaller part, surrounded by a wall, served as the official residence of Wilhelm Pieck, the first president of the GDR, and the whole area became a representative area for the government.

In 1949, garden architect Reinhold Lingner (1902-1968) was commissioned to design a representative garden for receptions and social gatherings within the Wall. Lingner created his own socialist garden aesthetic, which turned away from the stately. The social terrace was designed as a media-effective presidential venue, as were a teahouse, a fountain and small garden rooms for private meetings. Hedwig Bollhagen's elaborate flower displays, alternating spring and summer flowers, perennials and summer plantings in the flower tubs, reflect the socialist enthusiasm for luxuriant perennials and flowers.

After Pieck's death in 1960, Walter Ulbricht, as Chairman of the State Council, had a new official residence built in the centre of East Berlin. From the periphery to the centre. The move took place in 1964 and the palace complex served as a guest house for the GDR government until 1990. Fidel Castro, Nicolae Ceaușescu and Ho Chi Minh all stayed here. Mikhail Gorbachev was the last GDR state guest in 1989. From 27 December 1989, the Palace hosted the GDR's "Central Round Table", which had previously met in the Centre. The "Round Table" sealed the end of the SED dictatorship. In 1989/90 it decided to dissolve the Ministry of State Security and to hold the first free elections to the People's Chamber in March 1990 in the Casino building of the palace complex.

Today, visitors can once again discover all the layers of time at Schönhausen Palace and Gardens. The flowerbeds designed in the 1950s and the garden furniture designed by Liv Falkenberg can be admired again. The fountain is reminiscent of Baroque water features, but with its colourfully illuminated, six-metre-high jet pattern and flat pool edge, it is an integral part of Eastern Modernism. Hedwig Bollhagen's garden ceramics have also returned to the palace gardens and the water-lily pool is being restored.

A plaque in the forecourt facing Ossietzkystraße commemorates the revolutionary period. The palace houses a museum in which Wilhelm Pieck's study and five authentic rooms are used as state guest flats. An exhibition in the guardhouses tells the story of the palace's role as the seat of SED rule and the revolution of 1989/90. The authentic location of the "Central Round Table" is now used by the Federal Academy for Security Policy.

My children are now grown up. The Bürgerpark in Pankow is closer to them, although we had many adventures in the Schlosspark – here it was never crowded. Today they are annoyed that barbecues are strictly forbidden on the lawns. \

Tschaikowskistrasse 1,
13156 Berlin

⊙ 52.5779830, 13.4040345

10 SCHÖNHOLZER HEIDE
By Lukas Lessing

To me this is the most personal of all parks in Berlin. In its soil I, together with my wife, once buried something. And then in the same spot, we planted a walnut tree, many years ago. The tree is still there. Someone has cut it down almost completely, it's almost dried up, half of it has frozen, but it's still standing. It stands. I'm not going to tell you why we did it and what's down there, just this much: Schönholzer Heide is open to this sort of thing because it's more wilderness than park, apart from the tightly geometrical beds, trees and hedges of the Soviet Memorial.

Schönholzer Heide is an area open to many interpretations, also in its temporal dimension, because it has been many things:

mulberry plantation, cemetery, castle, sports arena, amusement park with Ferris wheel and dwarf show, forced labour camp, bunker, military cemetery. You can register there too, and hardly anyone will notice, as long as it's for the good, and almost everything happens that way here: Berlin crime statistics – there was only one crime in Schönholzer Heide last year. Just one! In other parks, I won't mention any names, there were several hundred, not excluding deaths. But this is Pankow, almost provincial. A friendly middle-class district with a wide range of allotment gardens, detached houses, renovated apartment blocks and half-heartedly gentrified old buildings.

Everyone who lives there walks their dog under the pines, spruces, maples, beeches and plane trees, jogs their laps, rides their bike from one side to the other, kicks their ball across the meadows – and only a few stop off at Gartenküche, the former Heideröschen, the most wooded, romantic and almost loving restaurant in the city.

The park as a whole, on the other hand, is not a place to linger and camp, the grass is usually too high, too shaggy and too thorny for that; it is a place of transit, for the S-Bahn trains next door and the streets all around, only the planes above have disappeared, the planes that for decades flew here to Tegel or from there eastwards into the big wide world. Back then you could look the pilots in the face, but you could only sit in the park at night. Now a few people rest here in the sunshine, probably unaware that there are others resting here underground, the 13,200 Soviet soldiers in their pompous Stalinist complex and the 352 forced labourers and war victims in their small, easily overlooked patch of woodland under ivy, leaves and spruce needles. And what we buried a little further on, in the sandy soil of Schönholzer Heide, then as dry as dust. \

Hermann-Hesse-Strasse,
13156 Berlin

⊙ 52.5730034, 13.3850413

---

11 KLEINGARTENANLAGE BORNHOLM

By Norbert Bayer

The settlement on the closing scar between east and west consists of two green islands. The huts and dachas huddle under the bridge that, decades ago, symbolised freedom for many.

In fact, when you descend into the green valley of the colony, you are still entering a strange world. You cross a cosmos of granite, bouquets and mosaics. In between: Green railings, blue gables and yellow bees. Dog owners on shady paths lined with gnarled trees.

This pretty village is divided into two parts by the railway lines. The two areas appear like unequal siblings: the western part is enclosed in the lowlands below the bridge and appears more historically grown and spontaneous, on a ground plan with wild variations. The eastern part is organised at right angles and has a more stable structure. This section reaches out to the international embassies in the neighbourhood. Both breathe fresh air: through green and white striped fences between apple trees.

The merging duo is surrounded by new buildings in the ever-growing city. But the colony is guaranteed not to be cut off from the air! \

Björnsonstrasse 5,
10439 Berlin

⊙ 52.5557932, 13.4025854

---

12 PARK AM WASSERTURM

By Peter Praschl

Each park has its own character. In the Jardin du Luxembourg in Paris, you feel as if you've been drawn along dead-straight gravel paths by a surveyor; Central Park, like almost everything in New York, is a grand gesture; while the English Garden in Munich still has a rural feel to it. And Park am Wasserturm? It doesn't really know itself. (...)

There is a playground with a water and mud table that is sensational for children and a bit exhausting for parents. There is an idyllic water basin with a lion statue, a sunbathing lawn overlooking the roof terraces of gentrified flats, a basketball court and two table tennis tables. There are lots of flowers, shrubs, buzzing bees in the summer and even a small vineyard.

And then there is the building from which the park takes its name: a 30-metre-high water tower built in 1877, with a cistern that no longer works and (rented) flats that are still inhabited, with many rooms that look like pieces of cake due to the circular floor plan. Underground: huge vaults that used to store drinking water before being used as a sanatorium, a fishmonger's warehouse and, after reunification, illegal raves.

That's a lot of programme for just 19,500 square metres – it's almost as if a giant had decided to shake out all the park ideas he had in his backpack. The crazy thing is that it all fits together perfectly. What's more, Wasserturmpark doesn't really try to shut itself off from its surroundings.

Although it is not very large, it has two levels connected by a staircase and is not enclosed by a fence. As a result, it exists in a kind of osmosis with its surroundings. Unlike Volkspark Friedrichshain or Monbijoupark, for example, you don't spend whole afternoons here organising picnics or barbecue competitions; instead, you get park essences, so to speak: half an hour of playing after kindergarten, a long lunch break with your face in the sun, nibbling on a baguette on the way home while it's still warm, a round of smooching at sunset before heading to the bar.

That's pretty much the way it is here, an in-and-out thank-you park that reliably puts you in a good mood before you whizz back out into the real world. It's VERY pleasant here, by the way: there are plenty of pleasant restaurants, bars, cafes and small shops around the park. \

Knaackstrasse 23,
10405 Berlin

⊙ 52.5342385, 13.4186119

13 LEISE-PARK
By Peter Praschl

Many years ago, in Hong Kong, which was still a British Crown Colony at the time, I came across a cemetery that had probably been mentioned in a travel guide. It was as if I had walked into a celebration of life. The relatives of the deceased had spread picnic blankets on the graves handed out bowls, chopsticks and glasses. There they sat, ate, drank, smoked and laughed with their ancestors, and before they left they burned bundles of the hell banknotes used in China to appease evil spirits. It was the most beautiful commemoration of the dead I could imagine, loud, talkative and cheerful, without any willingness to say goodbye for good. That, I thought, is how I would like to lie one day.

Unfortunately, you can no longer be buried in Leise Park. But otherwise it's almost like Hong Kong back then. The park, hidden behind a long wall, is on the site of a former cemetery. There are still gravestones everywhere. But no one puts on a face of remembrance. You spread out a blanket, lie down on the grass, the children play tag, there are hammocks for couples to swing in. The grass is not cut with clippers, it is allowed to grow. The weeds and the rose bushes, which sometimes literally explode, are just as welcome. The birds chirp, the squirrels run up the tree trunks so fast one after the other that you wonder how they manage not to collide with each other. There are supposed to be foxes, but I've never seen one.

The park owes its existence to population development, the spirit of the times and the commitment of neighbours. Soon after the turn of the millennium, the city realised that it had far more cemetery space than it would ever need again. People were getting older and 80 per cent of them wanted to be buried in urns, which take up only three per cent of the space needed for a coffin. The Evangelical Church, which ran a cemetery here where no one had been buried since the 1970s, wanted to sell the land to a developer – a citizens' action group protested, rightly pointing out that there was already too much gentrification in the Winskiez and too little green space (none at all). The church was sympathetic and sold the land to the city, which had a landscape planning office draw up a plan, with the active participation of local residents, which made it clear from the outset that the memory of the dead buried here should be kept alive.

Leise Park finally opened in 2012. It is a very romantic place. There is virtually no infrastructure here, just bushes, trees, grass, wilderness, with about 40 gravestones, slabs and other cemetery relics loosely scattered about, including a number of children's graves ("dearly loved, sorely missed") that make me gasp every time I see them, play equipment, a balancing act course, a meadow orchard and, among the trees, a kind of high stand that could be the mast basket of a ship on shore leave or a viewing tower with a platform from which you can see the treetops. This is where children's birthdays are celebrated in an idyllic Bullerbü picture-book setting, where lovers' afternoons are spent making out, where bird chicks are raised, where thick novels are read – but where barbecues and dogs are not allowed (both are forbidden). It's locked up at eight in the evening. When you arrive in the morning, the park is often deserted, but not as quiet as its name suggests: you can finally hear the leaves rustling and the birds singing again. It's a park as life should be – a bit messy, without any pretension and therefore all the more impressive, still a bit wild, respectful of the dead but in love with existence. Magical. \

Heinrich-Roller-Strasse 24,
10405 Berlin

⊙ 52.5311988, 13.4214044

14 VOLKSPARK FRIEDRICHSHAIN

By Lukas Lessing

Funnily enough, Volkspark Friedrichshain is the oldest public park in the city, but I only read that in its Wikipedia entry, because I still didn't know it after 100 visits. I regularly go there to walk my dog. Funny, because it doesn't look old at all, quite the opposite. Average age of visitors: 20 – so many young trees, the playgrounds in contemporary, colourful wood-sand-bark-mulch design, the monuments from GDR times, so not old either, just cranky, dislocated Spanish fighters, muscular Polish soldiers, dashing red sailor with a carbine slung over his shoulder. Next to him buried the March martyrs of 1848, the victims of the only, unfortunately failed revolution on German soil ever, no big deal in Berlin, just a plaque and the sailor sculpture, revolution doesn't count for much here. The two piles of rubble from the last war are now well overgrown and look like a landscape, with only the occasional fat part of a blown up bunker sticking out of the overgrown rubble. There is also a bust of Friedrich der Grosse, which had to be removed when Germany was divided. As part of the extensive German restoration, the monument was rebuilt in 2000 and even re-produced.

And only in its current form: the children, mostly on the sandy pitches. The joggers, persistent on their long or short runs, on asphalt or sand. The greasy, smeared, socially attractive boulder. The gay cruising up the slope of Grosser Bunkerberg towards the Spanish War Memorial. The €30 schnitzel at the hipster restaurant in Schönbrunn, the proletarian barbecue on Kleiner Bunkerberg, the shouts of "Ficken verboten" in the dog zone (directed at the males), the football and beach volleyball games on the corresponding courts, the children's quiet time at the ice-cream stand in Schönbrunn, the family camps on Märchenbrunnenwiese, the sledging on the sad remnants of snow next to the monument to Polish soldiers and German anti-fascists (perhaps the only one with larger-than-life Polish inscriptions in the whole city?), reading books be- (...)

tween Weltfriedensglocke, the large pond and the artificial stream, children cooling off in the paddling pool. In between, dogs and bicycles and skaters and all the rest of it, but much more closely mixed than elsewhere, for which there is actually very little noise. As I said, everyone has their own park and hardly notices the others. It would be a nice symbol of the big picture to see it here on a small scale. \

Am Friedrichshain 1,
10407 Berlin

⊙ 52.5293501, 13.4358227

---

15 GÄRTEN DER WELT
By Stefan Jacobs

Years in the making, the garden show in the then new East Berlin district of Marzahn was one of the greatest gifts the capital of the GDR received to celebrate its 750th anniversary. The Berliner Plattenbauten form a special and impressive backdrop to the park, which opened in 1987 and is probably unique in Germany in its current diversity. It all began with the idea that the workers and farmers should have a counterpart to the Britzer Garten, which had opened in West Berlin two years earlier and, thanks to its stable reception in the West, had not remained hidden from the East of the divided city - as a place of longing on the other side of the Wall.

What began with illuminated water features, themed gardens and a petting zoo was expanded after reunification to include meadows and playgrounds as the Marzahn Erholungspark. But the biggest career boost came at the turn of the millennium with the project of Gärten der Welt. It began with the Garden of the Restored Moon, designed and laid out by the Chinese, with a lakeside teahouse and a path through bamboo thickets that added exoticism and a few swings to the rather rectangular setting when it opened in autumn 2000. The "aha" effect still works today, when you take a seat by the lake with a cup of tea and an Asian snack from the daily menu. The other themed gardens that have been added since then are mostly much smaller and sometimes more suitable for walking in single file in fine weather than for lingering – especially the Japanese garden, with its single mountainous path. The Balinese Garden is a tropical hall, the Renaissance Garden is a Tuscan palazzo panorama, the English Garden is a rose garden with a tea house, and the Oriental Garden looks as if someone had brought in a few lorry-loads of the Alhambra and put them together to create an amazingly charming miniature replica with plaster decorations from the Arabian Nights – simply magical.

For the sake of completeness, we should also mention the Christian and Jewish gardens, which may seem a little special to the average garden lover. The Maze, on the other hand, is for families with children, where you can lose yourself for a long time. Of course, there are plenty of playgrounds and ice-cream stands in this elaborate layout. And since the International Garden Show moved here from Tempelhofer Feld in 2017, the highlight has been the cable car that connects the main entrance to Marzahn with the underground station on the Hellersdorf side – including a stop at Kienberg, one of Berlin's six hundred metre high hills. On a clear day you must have got off there and climbed up to "Wolkenhain", from where you can see almost all of Berlin on one side and far into Brandenburg on the other. In the foreground to the south are the detached houses of what is said to be the largest housing estate of its kind in Europe. In the other three directions, the picture is dominated by the Plattenbauten dating from the time of the late GDR – almost all of them renovated, but which became social hotbeds in the years after reunification. Some old-established West Berliners have never set foot in the area, while many who live right next door have a problem with the entrance fees – which are quite reasonable for what is on offer. Gärten der Welt are not for everyone. \

Blumberger Damm 44,
12685 Berlin

⊙ 52.5365371, 13.5693521

---

16 BOTANISCHER GARTEN
By David Baum

Dear Funnel Epiphytes, esteemed African Succulents, precious Giant Sequoias, dear Alpine Roses, esteemed Butcher's Brooms!

It's great that you have all decided to sprout here in Dahlem's Botanischer Garten and contribute to the flourishing of this city. Berlin is widely known as a multicultural metropolis, but rarely does the world look at this beautiful place where people live together so peacefully.

To paraphrase our old friend of garden culture, Geheimrat Goethe: Überall regen sich Bildung und Streben.

Those arriving by underground are greeted in a thatched-roof station, but some new students at the neighbouring Freie Universität feel robbed of the illusion of pursuing their studies in a world metropolis. The sign at the station seems unmistakable at this respect: Dahlem-Dorf.

The whole world is at home here and there is no doubt that colour reigns supreme. Around 20,000 species from all over the world grow in peaceful coexistence on 43 hectares. Whether in the large garden or in the well-tempered houses that rise out of the vegetation like sleeping rhinos.

More than 120 years ago, this marvellous spot was planned as the garden of the world. And even today, there is still something for everyone: business representatives can enjoy the ever dazzling growth prospects, early adopters can relax in the company of our early bloomers, party people can get lost among the orchids and night owls. Conservatives rest under Bismarck palms and enjoy the cultivation and order, while restauranteurs from Berlin-Mitte can discover how uninhibited they can grow here. Every country plant is welcome and will find its equal, while vegans will encounter the dewleaf and sundew, which are unteachable carnivores but never contradict them.

Whatever part of the world the representatives of glowbal nature come from, they have acquired some Berlin characteristics over the decades. For example, the pursuit of a project, a revolutionary mission to shake up our world: Together they remind us of the threat to global biodiversity. And of the possibility that the 100-year-old Victoria House, with its temperatures of over 30 degrees for tropical plants, may one day lose its purpose. In this spirit, may the seeds of their existence fall on fertile ground for a long time to come! \

König-Luise-Strasse 6-8,
14195 Berlin

⊙ 52.4585322, 13.3046593

---

17 GRUNEWALD
By Dima Albitar Kalaji

I leave the station, the noise of cars and people behind me, and with each step I take towards the woods, it becomes quieter around me, until the only sound I can hear is my footsteps on the ground.

Berlin and I don't have the same rhythm, which keeps me in a constant state of restlessness, even if we sometimes manage to synchronise. But we both, the city and I, know that this state never lasts long and that we will soon be moving in opposite directions again.

In Grunewald, I am always overcome by a tenderness and kindness that I am not used to in my everyday life, and that makes me stop again and again, take a deep breath and slow down a little as I walk along the forest paths. Every few moments I look up to watch the light shining through the leaves of the trees in ever changing shapes, causing the leaves to cast shadows until it finally reaches me at the bottom.

I first came here almost ten years ago, at a time when every place in Berlin was a discovery. A walk with a friend from my first days in Germany turned into a long conversation about death, acceptance, life and how it all takes on new meaning in exile. I spoke of my grandfather, whom I had lost to cancer a few years earlier. He had been my male role model in my life and in the society I lived in. A part of me couldn't really (...)

accept his death, and I sometimes pretended to be that part of myself when I lived in Damascus, spending hours in his library. It was only after I fled that I had to come to terms with the fact that, in addition to his books and my familiar linguistic environment, I had lost him.

As we were walking along a narrow path and I was telling the story, I tripped over the root of a large tree and almost lost my balance. I finally braced myself against the post of a wooden fence. As I picked myself up and regained my balance, my companion raised an arm as if to show me the way and said: "Now you can say goodbye to your grandfather." There was a bench by a small stream, surrounded by trees and bushes, and I don't remember whether I sat on it or just held on to the fence. In any case, at that moment the sun was reflecting calmly and peacefully on the water, and since then my grandfather has been a forest to me.

I didn't realise it at that time, but Grunewald was the first time I had an approach to Berlin that didn't have to do with war and history. For a long time, my only connection with the city was the Second World War and its aftermath, and I once wrote a long text about it. Then I learned that such a relationship is called traumatic. In the beginning I only spontaneously associated Wald with Teufelsberg, the buildings, their history and the graffiti on them, and I always wanted to go there one day, but I never did. Something always came in the way. When my grandfather had become a forest, I often went to Grunewald, got lost in it and found myself, but I never visited Teufelsberg.

It wasn't until last summer that I finally went there, having developed a different relationship with Berlin. It's only now that the memory of the war no longer gives me a sense of familiarity, but only anger. I once spent a hot day walking between the buildings on Teufelsberg and climbing the stairs inside, and I thought for a long time about how the state appropriates street art, banishes it behind walls and criminalises it outside them. And I wondered which picture was the first here, because to this day people are still trying to spray paint the last remaining open spaces on the walls of the wiretapping facility.

I stood on top of the building with other people for a long time. I was alone, but not lonely. I gazed gently at Berlin, as if waiting for an answer from the city about our upcoming disputes. My grandfather, who had become a forest, surrounded me and gave me a sunset on the horizon as magnificent as his soul. \

Falterweg 1,
14055 Berlin

⊙ 52.4908464, 13.2606127

---

18 LIETZENSEEPARK
By Hatice Akyün

A persistent cliché is that the entire turkish population of Berlin lives live in Kreuzberg. That's not true, of course, and in my case I have to admit that I've never wanted to live there. I am a proud citizen of the westernmost of all western districts in Berlin: Charlottenburg. Here there is no shortage of Barbour jackets and parks. For example, if I walk out my front door and turn left, I end up in Tiergarten. If I turn right, I'm almost in Schlossgarten in Charlottenburg. But if I walk diagonally straight ahead, I end up in Lietzenseepark, right in the middle of the eight-lane Kaiserdamm.

The special thing about the park is that it simply absorbs the noise of the city. And this is where my declaration of love begins. I'll spare you the history, which you can read in compact form on the Internet. My aim is to make you so enthusiastic about Lietzenseepark that the next time you visit Berlin, you will simply turn left at Savignyplatz, ignore Tiergarten and Schlossgarten, and walk diagonally straight ahead.

Perhaps my love of Lietzenseepark is due to the remarkable difference that the use of nature here is a mixture of German landscape architecture and Turkish laissez-faire. The areas are designed according to all the rules of garden design. All this has a long tradition and, as is only right, the Germans enjoy the colourful variety of plants from the freshly raked paths where they stroll, usually on Sundays, with their wives. This is also a meeting place for dog lovers, who take great care to ensure that their one and only does not contaminate anything.

The other side of the park is not pleasing to the eye, but to the soul. Little hidden gems like the flower garden, the wildly growing shrubs and the hidden lawns. And because it is much better to sit on grass than on stone slabs in Berlin's courtyards, and because the trees here are far enough apart, the park is the perfect place for parents, children, nieces, nephews, aunts, uncles, grandmothers and grandfathers to meet. People don't stay among themselves for long, others join in. Suddenly you can hear many different languages, couples lying on blankets and cuddling, joggers running and someone playing the guitar in front of the park ranger's house.

Lietzenseepark is like love at second sight: You have to dive beneath the surface to discover its endearing qualities. This park is like us Charlottenburgers: a wonderful mix of casual and bourgeois. \

Wundtstrasse 40,
14057 Berlin

⊙ 52.5093472, 13.2894213

---

19 KLEISTPARK
By Olaolu Fajembola

As you enter Kleistpark, your gaze is drawn to the two bronze sculptures that dominate the forecourt around the Kammergericht: two delicately modulated, naked (for the amusement of my child) horse tamers and their boiling monsters, frozen on a pedestal. Kammergericht, Königskolonnaden, Rössebändiger – these are the historical and architectural coordinates that define Kleistpark. In some photographs, Kleistpark looks like "the park of the Court of Appeal," which may give it an austere, weighty, perhaps even formal aura for some. My eyes fell on the plaque at the entrance to the park. "The notorious Volksgerichtshof (People's Court), which sentenced the Resistance fighters of 20 July 1944, among others, met in this building," it reads, and I look up at the mighty facade of the court.

A historic place, no doubt. And yet – our neighbourhood park. My first encounter with Kleistpark was on a frosty winter's day when I moved here with my child. The blanket of snow made it look quite innocent; the winter, which had the whole of Berlin in its grip that day, was not interested in the history of this place. My child was happy to make his first tracks in the snow, and I was enchanted. I knew from the start that I would get used to this park in the centre of Schöneberg.

The park is located in a socio-cultural in between space in Schöneberg that in its breathtaking diversity. It is bordered to the north by the notorious Pallasseum, a block of flats in the inglorious Brutalist style. It always attracts attention on New Year's Eve – due to the escalating use of fireworks by teenagers and young adults. For this reason, it is often described as one of Berlin's "non-places". To the east, Kleistpark is bordered by busy Potsdamer Strasse, while to the south and west are the bourgeois districts of Grunewaldstrasse and Elssholzstrasse, with their fine Gründerzeitarchitektur dating from Wilhelminian times. And in the centre is Kleistpark, an oasis, a space away from the hustle and bustle of the city. A few years have passed since their first meeting. The child has become a confident pre-teen. He takes every step towards autonomy in this park: "Can I go to the park by myself?" And a little later: "Can I hang out there alone with my friends?"

This park is a substitute for a garden and a retreat for the people of this neighbourhood. That's because, in its tranquillity, there's nothing special about it: no ice cream for young and old, no snacks, no lemonade, no beer. There are no distractions, no playground, no skate park. The park invites you to linger and time seems to slow down. Bookworms and gossips, dogs and their owners will find plenty of space to retreat into the greenery and various cosy corners for their first and thousandth date, a coffee break or a picnic. It's a park where you can relax and unwind, or watch the many rabbits and squirrels scampering about while you contemplate (...)

your own aimlessness. It is a place for young and old, and for all the socio-cultural milieus that enter the park from all directions, embrace it and make it their own. \

Potsdamer Strasse,
10781 Berlin

⊙ 52.4923318, 13.3608679

---

20 PARK AM GLEISDREIECK
By Olga Hohmann

Park am Gleisdreieck is one of Berlin's newest parks. And certainly one of the largest. It connects the districts of Kreuzberg and Schöneberg and is so bike-friendly that it is often used as a car-free zone. Last but not least, the skate park in the middle of the park has some of the most popular ramps among the city's young and not-so-young skaters. It is located next to the former freight yard. The cabin is now a café where parents can watch their children perform all sorts of breakneck tricks. Most of the young athletes are protected by knee and elbow pads, but one or two parents still turn a little pale as they watch the tricks over a rhubarb spritzer or a cappuccino.

Park am Gleisdreieck is a successful urban development project. And it is an example of how few ambitious urban projects can be so well integrated into the life and daily routine of a city. It is used by people of all generations. As the name suggests, it is located on the abandoned tracks of the former freight yard. As such, it follows in the tradition of inner-city conversions such as New York's High Line.

If you had imagined a park of the future half a century ago, it might have looked like this. As it is, the bright green meadows sometimes look as if they have sprung from an animated architectural model, and the activities of the park's visitors reflect its vitality and health. There is a lot of sport going on in Park am Gleisdreieck, with inline skaters whizzing by every few seconds. It is rarely overcrowded and you rarely have to look for a place to put your picnic blanket. The park is almost eerily functional. A sustainable leisure facility right out of a picture book.

On one side are the Yorckbrücken, on the other the post-war "Rosinenbomber" attached to the Museum of Transport and Technology, which hovers over Tempelhof's banks of the Landwehr Canal, a delight to passing children then and now – life outside the park seems a little less idyllic on all sides than life within it.

The idea of turning the wasteland (of which there were many in Berlin at the time) into a park was born in the 1970s. It was planned with the participation of local residents. For example, the various children's playgrounds and a so-called "nature experience area" were created.

Even the local beer "BRLO" is brewed in the park – and served cold. People stroll, eat ice cream and sunbathe on the miraculously clean lawns. With barbecues banned, there are few smells to disturb the idyllic contemplation.

Perhaps it is only the transparency itself that makes you feel uncomfortable from time to time. The place seems too utopian to be true. There are few places to retreat to, you feel a little exposed. Like on a white sandy beach, you sometimes wonder if you yourself are a little too "human" in the midst of this frighteningly immaculate utopia. And sometimes the well-trained inline skaters whizzing by seem a bit like avatars from a retro-futuristic animation. \

Möckernstrasse 26,
10963 Berlin

⊙ 52.4991909, 13.3725617

---

21 VIKTORIAPARK
By Olga Hohmann

Many people don't know it exists, even though it gives its name to an entire district: Kreuzberg, which lies in the middle of Viktoriapark.

Kreuzberg is the highest elevation in the centre of Berlin, although it is not very prominent in the cityscape. It stretches over Kreuzberg 61, which is considered the more "bourgeois" part of the district compared to Kreuzberg 36. The nicknames "61" and "36" refer to the historical postal codes.

The "Nationaldenkmal für die Siege in den Befreiungskriegen" (National Monument to the Victories in the Wars of Liberation) against Napoleon Bonaparte was inaugurated in 1821 and stands at the highest point of Kreuzberg. It was some 70 years later that the so-called "Runde Weinberg" was laid out, on top of which the pointed monument still stands today. The monument was designed by the famous architect and artist Karl Friedrich Schinkel, who immortalised himself many times in Berlin and Potsdam. Some features of his work, such as the so-called "Schinkelsterne", have remained influential and highly recognisable to this day. The monument is in the shape of the dome of an octagonal Gothic cathedral. As the name suggests, there is a cross on the roof.

The 66 metre high Kreuzberg is also known for its small waterfall. From the viewing platform you can see this highly artificial piece of nature straight down to Grossbeerenstrasse and straight on to the Landwehr Canal.

Viktoriapark with its Kreuzberg is an attraction for locals and well-informed tourists. Walking up the paths, which seem as artificial as the waterfall itself, one is transported into a mixture of picturesque idyll and dream landscape. There is a fairytale element to this historic environment.

In Viktoriapark, you can often see young people drinking beer and smoking joints; people have settled down on park benches in such a way that it is obvious that they have spent many hours, sometimes days, there. In the twilight, you can witness various more or less romantic encounters. Kreuzberg is still an insider's tip, even though it has become part of the city's collective memory. It is, after all, one of the few places in the city where you can meet up for a "mountain climb".

At the foot of Kreuzberg in Viktoriapark is the so-called Vereinszimmer – which for more than 20 years has not been a club, but a charming café with the flair of a "neighbourhood institution". It is one of the few authentic Italian places in the city—and has many regulars. Cappuccino is served in '90s style bowls (the "Café au Lait Bol"), accompanied by "Spremuta D'Arancia", freshly squeezed orange juice. There are piadinas and tramezzini in the display case, and a variety of salads and unusual pasta dishes are served daily.

A walk up Kreuzberg definitely includes a visit to the Vereinszimmer – or two. Before and after the hike, how about that? \

Kreuzbergstrasse 15,
10965 Berlin

⊙ 52.4897831, 13.3824759

---

22 TEMPELHOFER FELD
By Frederic Griesbaum

Not many parks in Germany have become as well known beyond their own city boundaries as Tempelhofer Feld. This is despite the fact that it has only been a public park for just over a decade. But back to the beginning:

Flughafen Tempelhof was already famous in the last century, when the airlift to blockaded West Berlin made it world-famous. When operations ceased in 2008, a long process of negotiations began, culminating in a referendum in which the citizens of Berlin voted in favour of public use as a park. Today, almost 200,000 people visit the park every week, making it one of the most popular parks in Germany.

As you step out of the house canyons of Neukölln into the 350-hectare open space, a cool breeze blows around you. Not only does it keep the kites in the air, but it also brings with it the happy cries of children. The smell of barbecue wafts through the air, families have set up tables and are having a lively party. Situated next to one of the most densely populated residential areas in Germany, the area offers many people the chance to escape a small apartment. (...)

But there's also plenty of exercise, with racing bike freaks and hordes of joggers circling the area. Roller skates, skateboards and even trendier vehicles whose names you don't even know meandering along the central pathways.

And then there are the meadows, where you can drink your after-work beer, sunbathe, read or just enjoy the view into the distance that is so rare in Berlin. In short, Tempelhof is a leisure eldorado for those who want to escape the hustle and bustle of the city for a while.

Nowhere is the widespread misconception that the quality of nature increases in proportion to the number of trees better refuted than at Tempelhofer Feld. It is precisely the absence of trees, historically caused by farmland and the airport, that ensures an exceptional community of flora and fauna, typical of Berlin and the surrounding area, but no longer common.

The most notable of these is the skylark, Alauda arvensis, which not only has the largest breeding population in Berlin, but whose calls can be heard all over the field during the summer months. Other birds such as the red-backed shrike, wheatear and others make the park a serious destination for amateur ornithologists. Other special features at Tempelhofer Feld have more unwieldy names, such as the blue-winged grasshopper, a medium-sized grasshopper that is also endangered and protected throughout Germany.

The fact that so many rare plants and animals thrive here is not just down to the special character of the area: open, sunny and sandy. It is also due to special measures such as careful mowing, even sheep grazing in some areas, and bird sanctuaries from which humans are excluded.

One of the reasons for the success of the conservation measures, apart from good management, is certainly the amount of space available to respond dynamically to changes in use and nature. Let's see how long it lasts, the next political offensive to build on the field is already in full swing. Nobody would think of treating a wooded park as a derelict building site, and rightly so. \

Tempelhofer Damm,
12101 Berlin

⊙ 52.4761439, 13.3861994

---

23 GÖRLITZER PARK
By Anna-Lena Wenzel

In the early 1990s, the long derelict area of the former Kreuzberg railway station was transformed into a park. The former border strip along the Landwehr Canal was also included. A green corridor is created with orchards and ponds, sports fields and playgrounds, a farm and a traffic training area for children. The park becomes both a green lung and a drug hotspot, which repeatedly makes controversial headlines in the media - including calls for the park to be fenced off and locked at night.

In 1997, a 60 metre wide fountain was inaugurated in Görli, a replica of the famous limestone terraces near the Turkish city of Pamukkale, intended as a symbol of identification for the Turkish residents of Kreuzberg. However, the construction was not frost-resistant and the fountain was no longer able to fulfil its function after a short time. The rocks erected at the time are still a popular meeting place today.

In the 2007 film "Prinzessinnenbad", two of the protagonists are seen hanging out in Görlitzer Park, which looks like a landscape park with meadows, hills and few people. It is a place of retreat for the two of them. Here they talk about drugs, sex and their friends.

In 2010, director Volker Meyer-Dabisch paid tribute to the park and its users in his film "Der Adel vom Görli". Burni, a wiry man with sunglasses and long hair, can be seen playing golf in the park, a group of frisbee players meets every day, and someone is always strumming a guitar or carrying a loudspeaker. The Görli enables a peaceful coexistence of free spirits, dealers and neighbours.

In 2014, I moved to the southern part of Görli. If I want to go north, I have to take the narrow path that runs through the park. It is lined with men selling their wares – drugs. The "shopping street" stretches all the way to Schlesische Strasse and the Görlitzer Bahnhof underground station. It's a huge area, but there seems to be enough demand for the men to stand here day and night.

It's snowing in 2021, so we pack our sledges and head for the Görli. The hollow in the middle with its sloping edges is ideal for tobogganing, sledging and sliding. Young and old race down the slope with us. The atmosphere is lively and cheerful.

In 2023, the true crime series "Lubi – ein Polizist stürzt ab" is created. The first episode is called "Der König vom Görli". The main character, Lubi, is on duty as a plainclothes policeman – at "Germany's most famous drug hub". But after an accident, the policeman becomes increasingly deranged, and the line between good and evil becomes blurred.

In 2023, the Berlin hip-hop band K.I.Z. dedicates an entire album to the park, making it famous throughout Germany. \

Skalitzer Strasse 47,
10997 Berlin

⊙ 52.4993079, 13.4322181

24 COMENIUS-GARTEN
By Olga Hohmann

"Shall I show you a very special place? You probably don't know it yet." When I'm out and about in the Neukölln district and my companion says something like this to me, I already suspect that the "special place" in question can only be the Comenius-Garten. This 1.2-hectare park, tucked between two apartment blocks, has an air of mystery about it. You get the feeling that a piece of paradise is opening up just for you, almost like in a fairy tale. This is certainly due to the district in which this Garden of Eden is located: It is called Böhmisches Dorf.

In the middle of noisy, lively Neukölln, not far from the famous Sonnenallee, you suddenly find yourself surrounded by a picturesque idyll. Founded in 1737 by Protestant exiles from Bohemia, "Rixdorf" has miraculously survived in almost its original state. The secret garden (which is not so secret after all) was only created after the demolition of the "Richardsburg" tenement barracks on the site. This was in 1971, after which there were several years of discussion about what to do with the empty site. The garden was opened in 1995, when Johann Amos Comenius (born 1592) was the "Bishop of the Bohemian Brethren". It was decided to reconstruct the idea of the "Path of Life", which he proposed in his philosophical works, in interaction with the flora.

Comenius's "Lebensweg", which refers to lifelong learning, is traced here in the garden architecture, starting at Richardsplatz with a large walnut tree and leading through a "bed of violets" and a "rose grove" to a pond called the "Weltenmeer". This exaggeration of scale is both a reference to the universalism of the thinker and a signal that the Comenius-Garten is to be seen as a kind of metaphor or placeholder. The big picture was supposed to become visible in the small and tangible.

Perhaps this is what gives it its mysterious quality. There is a sense of wonder at this oasis in the midst of the all-too-human, all-too-lively life around it.

Comenius, like René Descartes, refers to an idea of retreat and contemplation, in the sense of striving for higher wisdom. Again and again one encounters stage-like structures, such as the 'Eye of God'.

However, the Christian worldview that shaped the concept of the garden can only be experienced theoretically. The first sensual experience is that of a place of appropriation. People of very different ages, cultural backgrounds and beliefs use this almost frighteningly idyllic space in different ways. It is not uncommon to see all kinds of gatherings, children picnicking on the grass, others sitting alone reading a book or smoking cigarettes. Some play music on loudspeakers, although this is forbidden.

However, the aura of meditation or contemplation never disappears from this place, which is as hidden as it is public. It is as if (...)

any activity that takes place there is imbued with a sense of calm. The sounds seem muffled.

Bees buzz among the 30 or so species of roses. Small children play in the grass and dogs are not allowed in the garden. The so-called "Irrgarten" (part of Comenius' "Lebensweg") is used by school classes for educational purposes. In this highly artificial piece of nature, which takes up as much space as a block of flats, the world seems to be "in order" in an almost ghostly way. \

Richardstrasse 35,
12043 Berlin

⊙ 52.4753006, 13.4440953

25 TREPTOWER PARK
By Stefan Jacobs

Treptower Park begins where Berlin's densest and most airy districts meet – Friedrichshain-Kreuzberg and Treptow-Köpenick. This location makes it a pressure relief valve in the summer heat, allowing large numbers of people to escape from the city centre into the countryside. At the same time, the park forms the transition between Quinoa-Berlin and Currywurst-Berlin, between Club Mate and Club Cola.

Even those who have never been there will associate at least one of two images with the park: the banks of the Spree with the jetties of the excursion steamer harbour, which can also be seen from the S-Bahn. And the Soviet Monument with the monumental Red Army soldier, a child in his arms, a smashed swastika under his sword.

A tour of the park starts almost automatically with the riverside promenade, which opens up directly from the S-Bahn exit and is accessed via a wide tarmac path, where cycling is forbidden and walkers should watch out for cyclists. At the same time, the promenade is a popular meeting place for locals looking for shady or prestigious places to relax, depending on their mood. When the evening brings families and workers home, the party people move in to make noise in the expensive urban villa colony on the Stralau peninsula opposite.

Covering 85 hectares, the park is big enough for everyone: Just a few steps from the banks of the Spree, magnificent old deciduous trees provide shade and frame spacious meadows. Around the fountain in the rose garden are neat flowerbeds, the sort of thing you would hardly expect from the parks department in notoriously underfunded Berlin. Nearby, a memorial to the world's ongoing wars was erected in 2024. At that moment there were ten.

Most visitors to the park stay on the riverside path. This leads to the epicentre of the hustle and bustle – the huge, and on some summer evenings too small, Zenner beer garden, from where you can enjoy the view of Insel der Jugend and the hustle and bustle of hire boat paddlers and party raft captains. A detour to the island is particularly worthwhile for the view from Abteibrücke that leads there.

A sign marks the spot where the entrance to Germany's first underwater tunnel was located in 1899. Until 1932, the tram ran through it to the then industrial Stralau peninsula. The tunnel was abandoned after it was hit by a bomb in 1945.

Past the Zenner cultural centre and the Weltspielplatz, the park merges into Plänterwald on the edge of the city. Anyone arriving here has crossed Treptower Park, but not explored it: The much larger part is on the other side of Puschkinallee, which cuts through it. The less frequented western section lacks the magnificent view of the Spree, but the carp pond with its tall trees has its charm. Just a few steps away is the Archenhold Observatory, home to the world's longest telescope. Since 1949, however, this part of the park has been dominated by the Soviet Memorial, a granite, marble and bronze monument which is also the burial place of more than 7,000 Red Army soldiers, including many Ukrainians. It is surrounded by majestic plane trees.

On the way back to the S-Bahn station, you can stop for a moment at the monument to Gustav Meyer, the director of the park who designed it in 1876. Around 90,000 trees and shrubs were planted and 130,000 cubic metres of earth moved. "Dedicated to friends and admirers" is the inscription under Meyer's bust. You want to give it one last round of applause before you leave. \

Am Treptower Park 20,
12435 Berlin

⊙ 52.4889520, 13.4621080

26 BRITZER GARTEN
By Stefan Jacobs

No dogs, no bicycles, no e-scooters, says a sign at the entrance. The majority of the city's pedestrian nuisances must therefore remain outside this fenced-in square kilometre of Neukölln, which, as Britzer Garten, has inherited the legacy of the 1985 Bundesgartenschau and, as we shall see, continues to do so masterfully to this day. The most important accessory for a visit is the map available at the gate, because the shape of the park, situated between allotment gardens and cemeteries, is a challenge to the sense of orientation: a pot-bellied, crooked X. Or a tightly stretched Lycra trapezoid with the Great Lake at its centre. But we're not there yet, not by a long shot.

After a few metres, a path branches off the main path and winds through the meadows and between bushes to a clump of trees. This is immediately followed by the rhododendron grove, with winding paths between the evergreen bushes and a bench with views of man-high ferns and a house-high bamboo behind it. Yes, this park is big enough for a whole day. The 'big loop' recommended in the map is 5.7km long, but it follows the main paths. These are wide enough for the biggest crowds, but do not have the magic of the many loops, often just a few bushes away from the hustle and bustle. However, the hustle and bustle only really comes at the weekend, when Berliners gather here - even those who usually go their separate ways. Women in headscarves escape the confines of their homes and lives; large families picnicking are eyed by strollers with expensive hairstyles. And everyone is relaxed. The longer you walk through Britzer Garten, from the herbaceous garden through the rose garden surrounded by a crenellated yew hedge and across Britzer Höhe, the clearer the reason for this sense of well-being becomes. It is the balance between authentic growth and arranged nature; planted but not overcrowded. The constant alternation between thickets and sweeping vistas, sun and shade, lush greenery and neat bouquets. The lush meadows vary from golf lawn to insect paradise to shaggy Berlin. A herd of goats has the privilege of spending the whole summer here, but paying guests are also welcome to step onto the lawn and take a seat on a deckchair or wicker chair, if they can get hold of one.

The ends of the aforementioned X become seasonally relevant: In the north-east, "Tulipan" shines with a heart-warming splendour after the winter and, combined with the floating pink sea of Japanese cherry blossom, threatens to overwhelm you emotionally on the first beautiful days. Later in the year, it is all green. In the south-east, the azaleas take over from May. In the south-west, the "fire of dahlias" in late summer is a blaze of colour when green is on the wane elsewhere.

There is a playground for younger children to run around in, one for older children to let off steam and a model boat harbour on the large lake for boys-at-heart , where the boats have to be brought in or have already been brought in by like-minded people. The park also has two restaurants, snack bars and an ice-cream parlour, as well as the Freilandlabor youth education centre. All this, combined with the traditional entrance fees, makes Britzer Garten a very democratic place.

A few times a year, there is a special programme for extra money, such as "Klassik Open Air" with Tschingdarassabumm and fireworks or the perennial market for allotment gardeners. While shopping for plants, they can dream of having a garden like this one day. At least a little. \

Sangerhauser Weg 1,
12349 Berlin

⊙ 52.4287882, 13.4346487

(...)

27 SACROW

By Stefan Jacobs

With its homemade wooden picket fence, Sacrow Park looks like a private home. Or a hermitage: Although the village belongs to Potsdam and the Berlin city limits are less than a kilometre away, the only road through the riverside forest is a single lane. The bus comes every hour, and when it arrives, oncoming traffic has to swerve for the greenery. Sacrow is in an exclusive location – only for residents with their own car or no reason to drive away. The name itself sounds almost sacrosanct. It comes from the Slavic word "za krowje", meaning "behind the bush".

We'll save the village for later, if there's time before the last bus. First we head for the park, which was not created by chance but had to be here as part of the royal Prussian palace and gardens. This becomes clear after a few steps when you sit down on a bench in front of the more stately "castle" and let your gaze follow Lenné's lines of sight: Slightly to the left, the Heilandskirche shimmers through the branches on this side of the Havel. Straight ahead, the steel structure of Glienicke Brücke gleams in the backlight, slightly to the right, the Babelsberg Flatowturm towers above the trees, and one axis further on, the marble palace in Neuer Garten can be glimpsed.

If the benches in front of the palace are occupied, you almost automatically walk on to the Heilandskirche, which Ludwig Persius gave an Italiano-antique lightness with its freestanding bell tower and the light blue ornamental tiles on the Prussian brick walls. The church has three naves, the outer ones with open porticoes. In the southern nave you can walk or sit directly above the reeds on the banks of the Havel. It's hard to think of another place in the World Heritage Site where you can stretch your legs as stylishly as here. And the views are even better than from the palace, with the Meierei in Neuer Garten and the Belvedere on the Pfingstberg coming into view. The view is the goal – you have arrived.

The church, consecrated in 1844, languished behind a double wall and barbed wire for 28 years until it too was liberated in 1989 and restored thanks to private commitment. A photograph on the tower shows the course of the death strip at the back of the tower through the centre of the park. Walking along the riverside path, you can still vaguely make out the once completely bare strip by the spindly birch trees that have grown back.

The park itself is not a garden in the floral sense, but a pleasantly arranged landscape with gracefully aged trees, some of which have fallen into disrepair. The most beautiful are probably the two huge plane trees next to the castle. But the most impressive specimen is probably the "1000 year old" or, according to an old photograph, "2000 year old" oak, with a trunk circumference of almost seven metres, which stands on a hill near the farm buildings. The oak is so old that it has shed most of its branches, along with the supporting corset that was supposed to hold it up. The steel rings and struts lie in the grass like medieval weapons of war.

After the tour of the park, there still is time for a stroll through the village. The street doesn't even have a pavement; if you live here, you're likely to disappear straight through the mostly nameless garden gate into a private paradise. Depending on which side of the street you are on, the land slopes down to the Havel or Sacrower See. There are almost only waterfront properties here. This location has attracted a sometimes prominent, discreet bourgeoisie that only makes noise when there is a nuisance to be fended off – a mobile phone mast, the smell from the swampy moat between the Havel and the lake, or aircraft noise from BER. Although the latter, just 30 kilometres from the airport, is nothing compared to what tens of thousands of people in south-east Berlin have to put up with. Problems are also relative. \

Krampnitzer Strasse 34,
14470 Potsdam

⊙ 52.4279064, 13.0944207

28 PARK BABELSBERG
By Stefan Jacobs

What Lenné started and Pückler finished could hardly go wrong. Financially, perhaps, but not aesthetically, especially on a hillside overlooking two lakes. Many paths lead to the joint work of Prussia's royal gardener and the well-travelled, hedonistic prince. Let's start in the north-east at Pförtnerhaus 1, which with its battlements and tower could pass for an English country estate.

From here the path leads above the bank into the park. Sit down on a bench, gaze at the panorama with Glienicker Brücke and Jagdschloss Glienicke on the opposite bank, and feel a little pathetic for a moment. After all, this magnificent backdrop was hidden behind a wall and barbed wire for 28 long years. The GDR's border with West Berlin ran right through Glienicker Lake and the Havel, and the fortifications in Park Babelsberg even included the castle-like Maschinenhaus from 1845. You can still see remnants of the white paint used by GDR border guards to make the brick facade more visible in the line of fire.

The current border between Berlin and Brandenburg can also be seen in colour: the Potsdam half of the steel Glienicker Brücke is painted a lighter green. The centre of the bridge is also the westernmost point of Berlin. To the right of the bridge is a curiosity: Jagdschloss Glienicke is in Berlin, while its neighbours belong to Potsdam. During the time of the Berlin Wall, this GDR blind spot was a "special security zone", walled in on three sides and only accessible with authorisation.

Our route follows the former main access road to the palace, which was of course designed by Karl Friedrich Schinkel for Kaiser Wilhelm I. Its neo-Gothic facade has been restored and lights up the park, but according to the palace foundation it is not accessible "until further notice". Instead, there is a stand with a QR code that you can use to download an app onto your phone for an augmented reality history tour of the park. It's a nice gimmick, but you might miss out on the colourful flowerbeds, which are only in front of the palace in the otherwise landscaped park.

Follow one of the many paths—the wide ones were designed by Lenné, the narrow ones were added by Pückler—around the hill, with views of Tiefer See and Potsdam. Behind you, the Belvedere greets you from Pfingstberg. In front of you, Cecilienhof is invisible; the line of sight to Sanssouci was filled with Plattenbauten in the 20th century. The total work of art of Potsdam's palaces and gardens - a UNESCO World Heritage Site since 1990 - no longer comes into its own as it did in the 19th century, but the views are still majestic. This is particularly true of the Flatowturm (only open at weekends from May to October), which was modelled on the medieval Eschenheimer Tor in Frankfurt am Main.

The Gothic courthouse, an open brick building also in the upper part of the park, was imported from Berlin. Almost 600 years old, it stood in the way of the new Rotes Rathaus built in 1861, so the city donated it to the Kaiser.

A little further down, the Marstall is still dilapidated under a steel dome, while the Kleines Schloss on the riverside is freshly creamed. There was even a restaurant here during the GDR era. The sailors' and coachmen's houses are used privately.

So much for the features. Before you leave, it's worth taking a look at Kindermannsee—named after the court gardener—which, even in the golden brown of late summer, lies in its hollow like a fresh green salad in a bowl. Then it's off through the dilapidated Havelhaus into the centre of Potsdam. Or back to the park, which is hard to say goodbye to. \

Park Babelsberg Schlosspark,
14482 Potsdam

⊙ 52.4059416, 13.0968437

(...)

29 LANDHAUSGARTEN DR. FRAENKEL

By Michael Hopp

Today, parks are taken for granted as part of a city's quality of life; it is a common demand that cities should be 'green'. But this was not always the case. Until the end of the 19th century, the use of green spaces in or near cities was reserved for the aristocracy, who strolled through their private palace gardens and parks, while ordinary people suffered from unhealthy and cramped living conditions. This was unsustainable. Gradually, many of the aristocratic gardens across Europe were converted into public city gardens. Around the turn of the century, criticism of their hostile approach (no walking on lawns!) gave rise to the Volkspark movement, epitomised in Hamburg by the social democrat Fritz Schumacher and in Berlin by the garden architect and visionary Erwin Barth ("the Linne of the 20th century"), who from 1926 was head gardener for the whole of Berlin. Barth created several public parks, such as Lietzenseepark and Volkspark Jungfernheide, which consistently followed the line of combining garden art with a sheltered space for children and a high recreational value for adults.

He created Landhausgarten Dr Fraenkel at a time when it was fashionable for the wealthy to build country houses along the Havel from Berlin to Potsdam. The entrepreneur Otto Lüdicke had a summer house built on the grounds of his brickworks, including a garden originally designed by the gardening company Ludwig Späth. In 1920, the Berlin banker Max Fraenkel bought the estate and commissioned Barth to carry out a major redesign, which took several years. The emigration of the banker Fraenkel in 1933 and the suicide of Erwin Barth in the same year brought the development of the garden to an abrupt end. In 1938 the property was confiscated by the National Socialists. After the Second World War, the estate became the property of the Land of Berlin and was neglected for many years. Meanwhile, the customs authorities kept an eye on GDR ships from here. It was only after reunification that the gardens began to be redesigned according to Erwin Barth's original plans, a process that reached a temporary climax with the 2012-2016 renovation.

Today, Landhausgarten Dr Max Fraenkel is considered a garden gem in Kladow. After four years of loving restoration, the listed garden has been open to visitors since Easter 2016. The park-like garden, which covers 3.5 hectares, is situated in an exposed position at the top of a steep slope on the banks of the Havel. From the extensive tree-lined meadows on the banks of the Havel you have a wonderful view of the Wannsee and the nearby Pfaueninsel.

Today's visitors can judge for themselves whether Erwin Barth has fully realised his vision of transforming gardens into parks, or whether they have followed the garden artist in him, or whether they feel like aristocrats themselves in this beautiful, highly cultivated park – free of charge. \

Lüdickeweg 1,
14089 Berlin

BY WATER: The F10 ferry runs between Wannsee S-Bahn station and Kladow harbour. The Landhausgarten can be reached on foot via the Imchenallee in about 20 minutes. Canoeists can moor directly at the garden. The Potsdam water taxi stops at → Heilandskirche. Cyclists need about 30 minutes to reach the Landhausgarten from there.

⊙ 52.4438610, 13.1306305

---

30 PFAUENINSEL

By Olga Hohmann

When you see photos of the little castle on Pfaueninsel, you think it's a fake – if not an Instagram filter. The peacocks themselves look like creatures of almost supernatural origin. Their plumage shimmers in all colours, and when they do a cartwheel you almost shudder at the sublime aura of the proud animal. In fact, Pfaueninsel is not a Walt Disney-style photo montage, but a real sight on the outskirts of Berlin. Situated in the Wannsee district, close to Potsdam, it has been a UNESCO World Heritage Site since 1990.

In the 17th century, the Elector had a rabbit farm established there. At that time there were 800 rabbits on the island. Shortly afterwards, the island was given to Johannes Kunckel, an alchemist and glassblower. Dark clouds of smoke could be seen hovering over the island, the Elector and Kunckel experimented with various materials and occultism, and the island became known as a place of black magic. The result of the magical research was that large parts of the island burned down. The glassworks and laboratory he had built were particularly badly affected by the fire. When Kunckel was asked what the experiments had been about, he replied: "The highly blessed Elector was a lover of rare and curious things and was delighted when something beautiful and delicate was created. I cannot answer the question of what it was for."

After the great fire, the island was not used for more than 100 years. Successor of Friedrich der Große, Friedrich Wilhelm II, used the place for several years for secret, romantic and erotic meetings with his lover Wilhelmine, the daughter of the horn player in the court chapel. Wilhelmine and Friedrich Wilhelm had four illegitimate children together.

It was also Friedrich Wilhelm II who had the iconic little castle, reminiscent of falling cardboard backdrops in the theatre, installed on the island. In fact, it was also a stage set, as the king made sure that the building could be seen from afar, from the other side of the river. Wilhelmine herself was involved in the planning of the building and designed the interior. The scale of her aesthetic preferences had a thoroughly historicising and exotic character. Greek bronzes were used in the design, as was a tower room in the style of a bamboo hut. Although the building was functional, a conscious decision was made to give it the appearance of a ruin, in the style of a dilapidated Roman country house.

The look of Pfaueninsel has not changed to this day. You take a ferry across the Havel and there is a beer garden on the other side of the river. For many Berliners, it is also a place they rarely visit. There are several centuries-old oaks, water buffaloes and the dilapidated buildings that were built as such but have become real ruins over time. In fact, it is the magical, dazzling creatures, the peacocks themselves, that never cease to amaze and enchant.

Pfaueninsel is also mentioned in literature as a small paradise garden on the edge of the city. Theodor Fontane, for example, wrote: "Pfaueninsel! Like a fairy tale, an image of my childhood comes to mind: a castle, palm trees and kangaroos; screeching parrots; peacocks sitting on high perches or doing cartwheels; aviaries, fountains, shady meadows; winding paths leading everywhere and nowhere; a mysterious island, an oasis, a carpet of flowers in the middle of the "Mark".

And the mythical location still inspires fantasy: there is a legend that a nuclear power station was to be built on the Pfaueninsel under Willy Brandt. This urban myth was later revealed to be a misunderstanding. \

Pfaueninselchaussee 100,
14109 Berlin

⊙ 52.4302343, 13.1209339

Mitwirkende

Hatice Akyün

„Dumme rennen. Kluge warten. Weise gehen in den Park."

Hatice Akyün, Journalistin und Autorin aus Berlin Ausgezeichnet mit dem Theodor-Wolff-Preis und dem Publizistenpreis der Deutschen Bibliotheken.

David Baum

„In Parks geben wir der Natur eine Chance – besonders der menschlichen."

David Baum
Geb. 1973 in Burghausen
Autor und Journalist vornehmlich bei Magazinen
Früher für u.a. *Max*, *SZ-Magazin*, *Park Avenue*, *GQ*. Heute beim *Stern*
lebt bei Salzburg und in Hamburg.

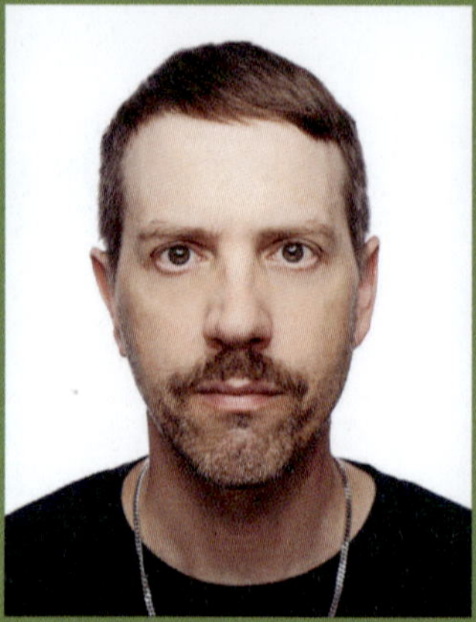

Norbert Bayer

„Im Fürst-Pückler-Park flüsterte mir die Goldene Ananas Geheimnisse zu und führte mich wie ein Kompass zu den verborgenen Winkeln meiner Parkomanie."

Norbert Bayer wurde in Franken geboren und lebt in Berlin. Er liebt die Filme von Whit Stillman, die Musik von Stereo Total und das Geräusch, wenn man mit dem Fahrrad über lose Pflastersteine fährt.

Olaolu Fajembola

„Im Park entdecke ich, hinter den Schichten aus Emsigkeit, Hektik und Zeitdruck, mein lang vermisstes, freies Ich."

Berliner nigerianisch-deutschen Schwäbin (ja, all das), Kind der guten alten 1980er Jahre
Co-Gründerin von Tebalou
Unternehmerin, Autorin, Kulturwissenschaftlerin
Lebtliebtlacht und streitet sich (manchmal) in Berlin.

Frederic Griesbaum

„Parks für Mensch und Tier, statt für Investoren."

Frederic Griesbaum
Geb. 1995 bei Stuttgart
Wissenschaftler und Naturführer in Berlin
Als Biologe erforscht er die Evolution und Lebensweise von Amphibien und Reptilien.

Olga Hohmann

„Wenn ich nachts allein durch Parks gehe, tue ich immer so, als würde ich telefonieren."

Olga Hohmann
Geb. 1992, aufgewachsen in Berlin Kreuzberg
lebt noch immer in der Wohnung, in die ihre Mutter 1984 gezogen ist
Autorin, Bildende Künstlerin, Performerin
schreibt Essays, Prosa, Kurzgeschichten und Texte zum Vortragen.

Michael Hopp

„In Parks vergeht die Zeit anders."

Michael Hopp
Geb. 1955 in Wien
Autor, Journalist,
lebt in Hamburg
Buch: *Mann auf der Couch*, textem Verlag 2021
Gründer der Veranstaltungsreihe ROTER SALON HAMBURG für politische Literatur.

Stefan Jacobs

„Parks sind Naturwunder, zubereitet to go."

Stefan Jacobs
Geb. 1975, Berliner Pflanze
Als Redakteur beim „Tagesspiegel" zuständig für alles, was grünt und sprießt, was fleucht und fließt.

Dima Albitar Kalaji

„Im Grunewald überkommen mich immer eine Zartheit und Freundlichkeit, die ich aus meinem Alltag nicht kenne."

Dima Albitar Kalaji
Geb. 1982 in Damascus, Syrien
Autorin, Journalistin, Podcasterin, lebt in Berlin
Kreativdirektorin bei *Weiter Schreiben Interventionen* und Kuratorin bei *Weiter Schreiben.*

Ilko-Sascha Kowalczuk

„Eines meiner Hobbies ist es, durch Parks zu spazieren. Leider habe ich keine Zeit für Hobbies."

Ilko-Sascha Kowalczuk, geboren 1967 in Ost-Berlin, liebt die Berliner Parks weil er da als Historiker jede Menge Spuren der Vergangenheit findet. Kowalczuk schrieb eine Walter-Ulbricht-Biografie und den Bestseller "Freiheitsschock", eine andere Geschichte Ostdeutschlands.

Lukas Lessing

„Mit Kindern oder Hunden geht man am häufigsten in Parks. Aber ohne geht sonst auch."

Lukas Lessing
Geb. 1959 in Wien
Autor, lebt in Berlin
Buch: *Gestatten, mein Name ist Kurt*, Roman, Insel Verlag, Berlin 2016.

Kim Mortega

„In Parks verbinden sich die Farben der Natur mit den Träumen der Zukunft."

Kim Mortega
Geb. 1980 in Lübeck
Ornithologin und Naturliebhaberin
Mit kreativen Konzepten fördert sie das Bewusstsein für Biodiversität.

Peter Praschl

„Mehr Parks! Weniger Parkplätze!"

Peter Praschl
Geb. 1959 in Linz/Österreich, Journalist & Autor, lebt in Berlin.

Anna-Lena Wenzel

„Ich bin eine Parkstreunerin."

Dr. Anna-Lena Wenzel
Geb. 1980 in Hamburg, lebt in Berlin
Autorin und Betreiberin des Online-Magazins *99% Urban*
Bücher: *Liebe*; *Herzschmerz*; *Freundschaft*, Textem Verlag.

Kipling Phillips

“A park is where the chaos of the city finds its peace in the sway of trees.”

Kipling Phillips
Fotograf aus Cincinnati/Ohio, lebt seit 2013 in Berlin.

Trine Skraastad

„Glücklich im Grünen.“

Trine Skraastad
In Norwegen geboren, in Hamburg aufgewachsen
Heute lebt sie als freie Fotoredakteurin in Berlin.

Mona Osterkamp

„Kein Park-Besuch ohne Picknick.“

Mona Paula Osterkamp
Geb. 1991 in Saarbrücken, aufgewachsen in und um Lüneburg
Grafikdesignerin und Künstlerin, lebt in Berlin.

DIE WOCHENENDER-REIHE
Das Reisebuch zum Runterkommen

Alle Bücher der Wochenender-Reihe sind im Buchhandel, in ausgewählten Concept Stores sowie über wochenender-buch.de erhältlich.

Blog: wochenender-buch.de
Instagram: @wochenender_reisebuch
Facebook: @wochenender
Pinterest: @wochenender

BEST OF NORD
Die besten Ziele im Norden

ISBN: 978-3-9825832-0-4

NORDSEEKÜSTE SCHLESWIG-HOLSTEIN
Dithmarschen, Eiderstedt, Nordfriesland, Halligen
ISBN: 978-3-9822646-4-6

NORDSEEKÜSTE
St. Peter-Ording, Eiderstedt

ISBN: 978-3-9819748-7-4

OSTSEEKÜSTE LÜBECKER BUCHT
Von Hohwacht bis Wismar mit Insel Fehmarn
ISBN: 978-3-9822646-5-3

DIE ELBE
Von Cuxhaven bis Wittenberge

ISBN: 978-3-9819748-4-3

SEEN UND WÄLDER
um Hamburg

ISBN: 978-3-9822646-6-0

HOFLÄDEN UND MANUFAKTUREN
um Hamburg

ISBN: 978-3-9819748-8-1

MECKLENBURG-SCHWERIN
Nordwestmecklenburg, Schwerin, Ludwigslust-Parchim
ISBN: 978-3-9822646-1-5

LIEBLINGSORTE FÜR FAMILIEN
in und um Hamburg

ISBN: 978-3-9822646-2-2

AUF DEM WASSER
Touren mit SUP und Kanu in und um Hamburg

ISBN: 978-3-9822646-8-4

LÜNEBURGER HEIDE
Harburg, Heidekreis, Lüneburg

ISBN: 978-3-9822646-7-7

BRANDENBURG NORDOSTEN
Uckermark, Barnim, Märkisch-Oderland
ISBN: 978-3-9822646-0-8

BRANDENBURG SÜDWESTEN
Potsdam, Brandenburg an der Havel, Teltow-Fläming
ISBN: 978-3-9819748-9-8

BRANDENBURG SÜDOSTEN
Dahme-Spreewald, Oberspreewald-Lausitz
ISBN: 978-3-9825832-2-8

LIEBLINGSORTE UM MÜNCHEN
Tagestouren und Kurztrips

ISBN: 978-3-9822646-3-9

City of green
Natur in und um Hamburg

ISBN: 978-3-9825832-1-1

IMPRESSUM

Herausgeberin \ Elisabeth Frenz

Frenz Verlag GmbH, Hinter der Lieth 2, 22529 Hamburg

Kreativdirektion \ Mona Osterkamp

Textchef \ Michael Hopp

Fotografie \ Kipling Phillips, Trine Skraastad \ S. 31 Kim Mortega

Kartenillustration \ Richard Kondziella

Redaktionelle Mitarbeit \ Henrike Saß

Texte \ Hatice Akyün, David Baum, Norbert Bayer, Olaolu Fajembola, Frederic Griesbaum, Olga Hohmann, Michael Hopp, Stefan Jacobs, Dima Albitar Kalaji, Ilko-Sascha Kowalczuk, Lukas Lessing, Kim Mortega, Peter Praschl, Anna-Lena Wenzel

Übersetzung aus dem Arabischen \ Günther Orth

Bildbearbeitung \ Martina Drignat

Schlussredaktion \ BHL Medienprojekte, Antonia Frenz

Autor:innenfotos \ Meiko Herrmann: S. 248 links, Cristina S. Salgar: 249 links, Bahar Kaygusuz: S. 249 rechts, Peter Lund: S. 250 links, Juliette Moarbes: S. 250 rechts, Hwa Ja-Götz: S. 251 rechts, Monika Keiler: S. 252 rechts, Trine Skraastad: S. 253 links, Kipling Phillips: S. 253 Mitte, Lisa Schulz: S. 253 rechts

Alle Bücher der WOCHENENDER-Reihe sind im Buchhandel, in ausgewählten Concept Stores sowie über wochenender-buch.de erhältlich.

hallo@frenz-verlag.de \ @wochenender_reisebuch

1. Auflage März 2025,
Druck und Bindung: GPS-Group

ISBN 978-3-9825832-4-2

FSC www.fsc.org MIX Papier | Fördert gute Waldnutzung FSC® C118234

Quellenangaben

1 Eine Übersicht der Historie gibt es hier: http://www.sportparkpoststadion.de/informationen/geschichte.
2 https://de.wikipedia.org/wiki/Wilhelm_Alverdes.
3 https://www.visitberlin.de/de/monbijoupark, aufgerufen am 16.8.2024.
4 Vgl. Gutachten zur Bau- und Planungsgeschichte des Volkspark Monbijou 1949 – 1989 von Dr. Simone Hain.
5 Der Bunker wurde im Krieg u.a. von der Frauenklinik der Charité genutzt und geriet dann in Vergessenheit. Vgl. https://dieter-kloessing.com/berlin-mitte-monbijoubruecke-und-park.html, aufgerufen am 16.8.2024.
6 David Wagner: Mauerpark, in: ders.: Mauer Park, Verbrecher Verlag Berlin, 20213, S. 224.